U0837339

陳垣全集

CHENYUAN QUANJI

第十二册

元祕史音譯類纂（下）
元祕史校記
元祕史譯音用字考

『十一五』國家重點出版規劃項目

主编 陳智超

北京师范大学出版集团
BEIJING NORMAL UNIVERSITY PUBLISHING GROUP
安徽大学出版社

圖書在版編目(CIP)數據

陳垣全集. 第12册,元祕史音譯類纂. 下、元祕史校記、元祕史譯音用字考/陳垣著. —合肥:安徽大學出版社,2009.8(2021.3重印)

ISBN 978-7-81110-388-5

Ⅰ.①陳… Ⅱ.①陳… Ⅲ.①陳垣(1880～1971)—全集 ②中國—古代史—研究—元代 ③漢語—音韵學—研究—元代 Ⅳ.①C52 ②K247.07 ③H114

中國版本圖書館CIP數據核字(2009)第155325號

陳垣全集 第十二册

元祕史音譯類纂(下)

元祕史校记 元祕史译音用字考

陳 垣 著 陳智超 主編

安徽大學出版社出版發行

(合肥市肥西路3號 郵編230039 電話0551-65107716

網址 www.ahupress.com.cn)

合肥遠東印務有限責任公司印製

責任總編輯 楊應芹 彭君華

本册編輯 劉 雲 封面設計 孟獻輝

開本 880×1230 1/32 印張 19.125 字數 372千

2009年12月第1版 2021年3月第3次印刷

ISBN 978-7-81110-388-5

定價 2480.00圓(全二十三册)

如有影響閱讀的印裝質量問題,請與出版社發行部聯繫調换

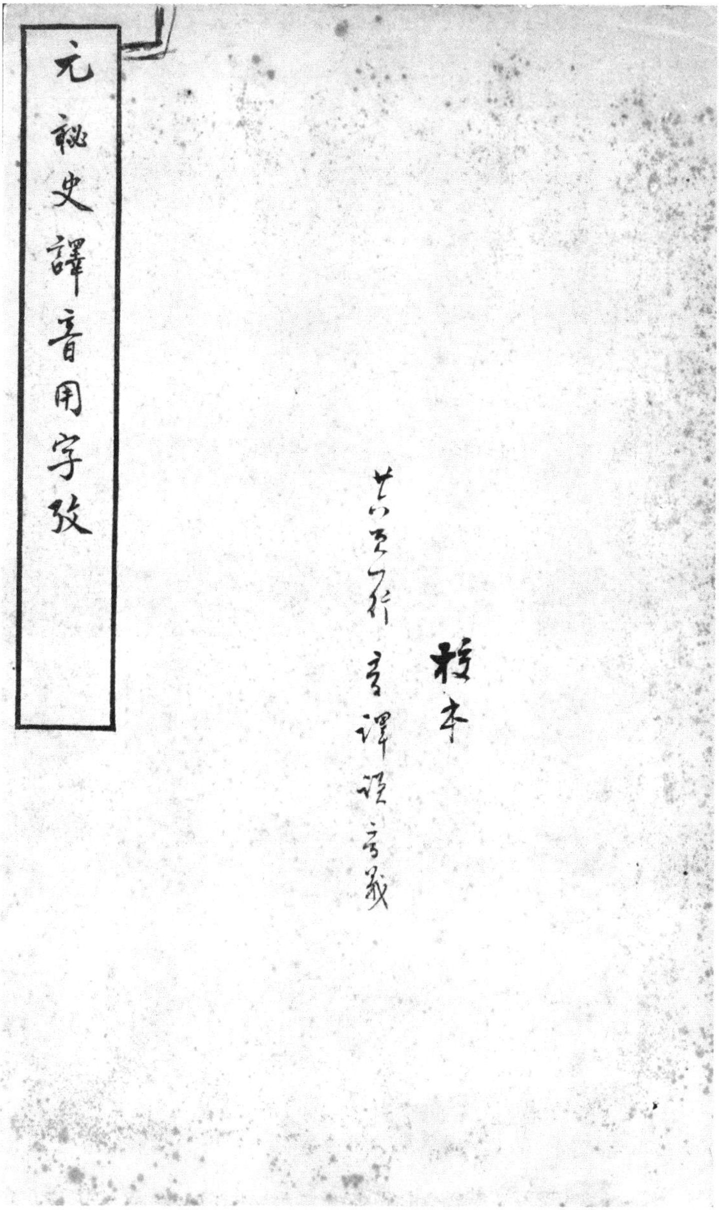

《元祕史譯音用字考》校本封面

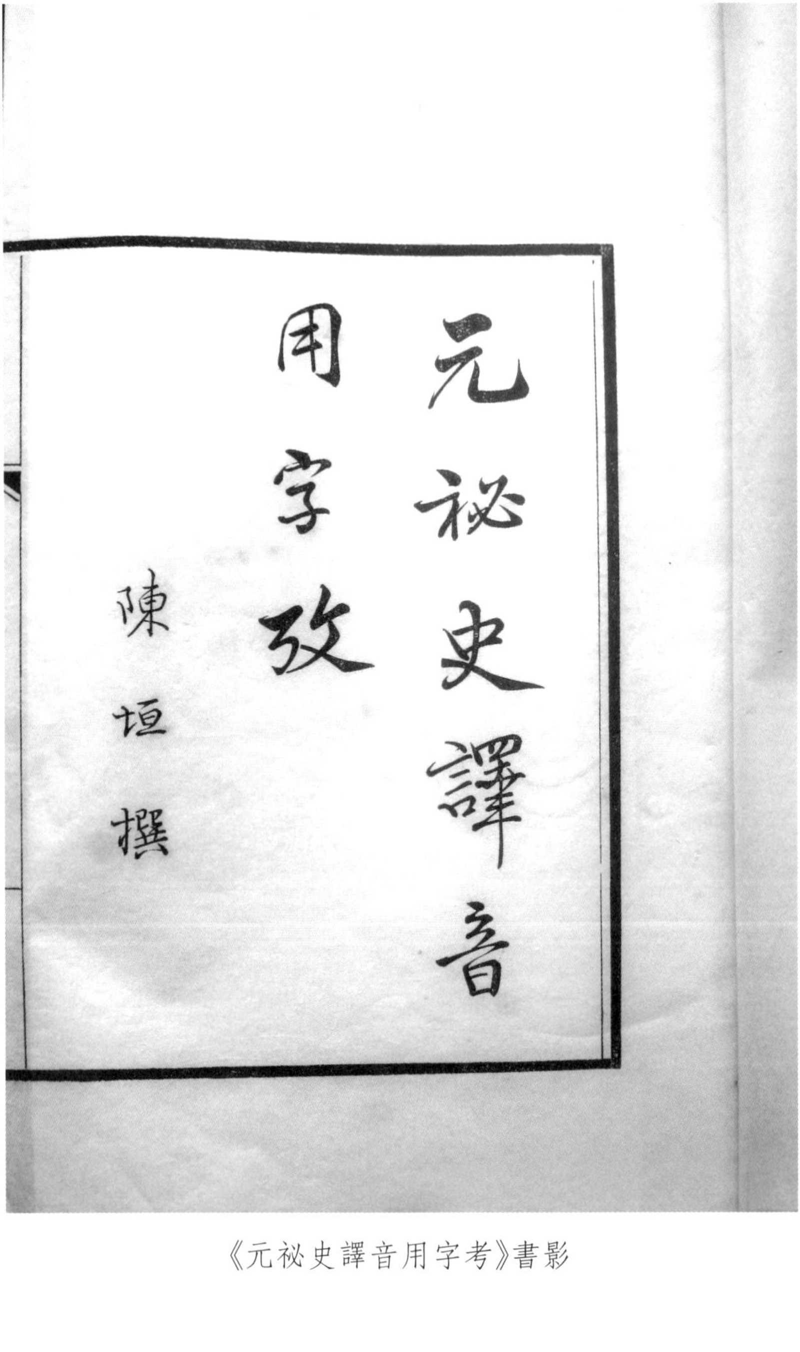
元祕史譯音
用字攷
陳垣撰

《元祕史譯音用字考》書影

陳垣全集之十九

元祕史音譯類纂（下）

安徽大学出版社

元祕史音譯類纂二五　通用類

中合剌温	熱	六14 一續43 二續2 5
中合剌温	煖	八17
中合剌兀納	熱行	二24
中合剌兀納察	自熱處	二11
中合剌兀納察	熱的行	一續25
散都舌兒抽	温散着	三16
闊亦田	寒	八40 九8
闊卜失勒都周	共寒着	八40 九8
主額揑	冷行	十1
者乞舌兒抽	冷着	一續25
薛舌里兀都額速	涼了呵	二續2
斡脱古思	老	二續44

也客	大	一 21 27 27 30 37 46 二 2 18 30 36 45 三 38 38 四 15 15 40 45 46 五 3 3 4 19 21 21 27 六 4 5 七 9 11 13 16 16 28 32 47 49 八 1 43 44 46 九 10 28 40 十 5 7 18 一續 4 4 17 18 19 29 35 37 二續 5 5 16 23 29 32 54 56 58
也客台	大有的	一 4
也客迭	大行	五 24 七 38
也客宜	大行	六 48
也客禿	大有的	七 16
也客思	大每	十 2 2
也客思	大	二續 20
也客只連	大做	五 38 39
也客只列坤	做大的	五 46
也客薛	大的每行	二 1
也客孫	大的每的	二 2
答亦舌兒	大	十 40

兀出干	小	一 21 27 二 41 三 32 四 17 23 五 3 八 10 19 34 40 九 23
兀出格禿	小有的	一 49
兀出格惕	小的每	一 49 二 5 5 八 16 二續 24
兀出格揑徹	從小	六 3
兀出格惕	小	十 37
兀出兀堅	小	一 45 四 7
兀出兀干	小	四 17 六 34
失吉	小	六 34
你勒中合	最小	十 22 24
你勒中合	最少的	七 39
中舌豁魯木惕	少頃	六 13
中忽魯木惕	少時	十 38
啜額客惕	(少每)	七 11
孛勒迭亦惕抽	孤零	六 4
孛勒迭亦惕客惕坤	教孤零您	五 25

温都舌兒	高	一45 七16 39 八7 20 28 44 一續9 二續27
温突舌兒	高	十1 一續20
温都舌侖	高的	二14 七3
温都惕帖	高處行	五36
斡額迭	高	七42
孛中忽你惕中合周	教低着	六21
扯額勒	深	二3 九1
徹額勒	深	四49
古訥	深的	五41
昆訥	深的	八10
昆	深	二續34
別舌兒客	深	十18
主札阿納	厚行	七37
兀兒圖	長	三8
兀舌兒禿因	長的	五41 八10

兀舌兒秃答	長	六 14
兀舌兒秃	長	八 17 一續 20 32 二續 24
兀舌兒秃思	長每	二續 27
蒙客	長生	六 12 七 3 八 9 43 九 31 十 18 28 一續 20 36 二續 4 5 11 28
朵抹黑赤	好長話	八 19
失別舌里主兀	長進	二 13
鑾都塔剌	長進間	十 37
豁斡只塔剌	短	一續 26
斡中豁舌兒	短	一續 32 二續 54
阿舌兒賓	寬廣	八 18
阿舌兒賓	廣盛	二續 17
阿為	寬	十 30 30 一續 30
阿兀惕勤	教寬	一續 30
阿兀牙撒中忽惕	寬行些	二續 48
斡舌兒堅	寬	四 22 23 八 7 一續 20

迭勒格舌兒	寬洪	一續 27
迭列該	寬	二續 35
脱歌舌里該	圓	八 18
中合卜察勒	窄狹	五 9
中合卜察剌察	狹處	六 24
中合卜赤中合牙	狹處	四 4 八 22
匡格連	輕	六 1
坤都	重	四 47 八 21
坤都帖	重行	一續 5
額兀舌列	久	八 20
抹那	久	六 7 八 46 九 28 十 36
抹納	久	七 3 十 3 一續 31
納舌鄰	細	十 25
中合失兀	苦	二 8
中合失温	苦	二 9 12

伯牙訥	富的	四 21
兀格兀	窮	五 13
兀格温	窮	二續 47 52
斡脱兒刊	快	一 49
斡脱舌兒	快	二 1 六 14 九 15
斡脱舌兒連	快	六 50
斡脱舌兒連	作急	四 32
斡脱舌兒	疾快	八 20 十 31
斡帖兒	疾快	二 42 42 43 43
斡帖舌兒	快	四 12 五 3 4 5
斡帖兒連	疾快	二 43 46
斡帖舌兒連	（作急）	四 13
斡帖舌兒連	快	二續 55
斡脱舌兒列禿該	教疾快者	八 21
古舌兒敦	快	一 35

(中)忽(舌)兒敦	快	一36 二29 六48 八35 十2
(中)忽(舌)兒敦	疾快	九12
(中)忽(舌)兒敦	疾快的	續一9 9
(中)忽(舌)兒堆闌	疾快	續一12
主(中)忽思	急忙	一36
脱(舌)羅侖	疾靈	七35
奄禿(舌)鄰	荒忙	四43
奄都(舌)里(黑)答(舌)侖	被荒忙時	四38 41
安都(舌)里周	荒着	四41
牙阿(舌)剌周	忙着	四41 47 八35
牙阿(舌)剌(中)忽	忙	四47
牙阿(舌)剌由	忙有	續一23
牙阿(舌)剌(勒)	忙	續二38
牙阿(舌)闌(勒)	急忙	九47
牙阿(舌)闌	忙	四48

兀答罷	遲了	四 47
兀答安	遲	六 49 二續 49
兀答阿納	遲行	九 23
兀答勒	遲	十 2
格舌列禿	光有的	一 43 二 18 五 3
格舌列台	光有	一 46
格舌列田	光有的	七 11
帖兒格勒	圓光	二 17
帖舌兒格勒	光	三 29
帖舌兒格列	光行	七 22
中合勒塔牙	光有行	九 46
乞里耶兒	透入光裏	一 13
超堅	明	一 13 二 3 四 49 九 1
格格額兒	明裏	一 13
格格延	明	一 13 二 7 8 20 六 11 七 11 一續 27

格格延	明白	八	18
格亦額速	明呵	三	33
格亦罷	明了	四	40
格亦周	明着	四	40
格亦兀侖	明	五	31
格亦兀侖	教明	六	11
格因	明	四	45
格堅	明	四	40
忝迭克	明白	一	13
忝帖昆	明白的	八	39
斡亦速剌敦	暗懷着	一	48
巴舌剌禿壇	暗每有	七	11
不帖兀那	暗行	續二	10
阿舌鄰勒周	淨着	十	12
阿舌里勒周	淨着	十	12

阿里[舌]勒[中]合周	教淨着	一續 26
[中]合勒塔[舌]里兀魯阿惕	滑擦着	二 16
斡惕刊	濁	三 8
斡惕刊	稠	十 4 二續 39
答阿兀魯阿惕	烙透	六 14
[中]荒失兀惕	臭氣	一 17
忽篾該	臭	五 13 15
忽兀禿該	臭爛者	二續 31
洪失兀惕	腥氣	一 17
牙怛周	貧乏着	五 11
牙怛周	窮乏着	五 14 14 六 26 26 27 51 九 12
牙怛周	困乏着	六 45
牙答周	窮乏着	一 9
牙當吉	窮乏	一 9
赤列周	困乏着	七 23

敞合(中)兒(舌)答兀侖	教疲乏	七 27
都塔兀納	乏的行	二續 47
合(中)木黑	普	一 32 32 39 三 2 5 18 五 36 一續 25
合(中)木渾(中)	普的	一 13 33
古兒(舌)	普	八 29 30 30 30 30 40 九 31 一續 24
古里(舌)耶兒(舌)	普教	二續 14
古卜赤泥	全行	一 8
古卜臣	全	二 20 七 36 38
不里(舌)	全	十 30 38
帖古思	全	七 7
不古惕客勒都周	完全着	二 40
不古惕格勒都克先	全完了的	八 46
不古惕罷	完全了	一續 42
不帖額惕	完備了	四 21
不帖額罷	完備了	二續 10

不禿額主兀	完備了有來	八 45
禿木答阿	圓全行	七 1
土木塔中合	完全行	八 45
禿你黑三	完備了	二續 35 35
撒兀黑撒阿舌兒	全具	七 2
屯答中合巴	全也	八 5
答班	越	八 7 一續 20
都列惕	越	六 4
都列惕	愈	二續 21 22
倒兀思罷	畢了	二續 58
多舌兒中忽勒	未完	二續 15 19
不古迭	都	三 2 九 2 一續 45
不古迭宜	都行	四 39 42 五 18 20 34 50 六 28 29 31 七 7 八 43 九 2 二續 50
不古迭額舌兒	都	五 16 25 六 9
不古迭揑徹	都行	二續 50

不古迭	都行	七 31
中豁脱剌	都行	三 6 19
中豁脱剌宜	都行	七 37
中豁脱來顔	都自的行	續一 26
朶帖連	超直	三 6
朶脱列克先	抄直了的	十 31
失都舌兒忽惕中合周	教直了着	八 24 九 31
款迭列都由	莫是横	六 21
款迭列揑徹	自横裏	五 40
寬迭列揑徹	横行	續一 13
莎勒只舌兒	斜	三 38
客別里兀舌侖	斜	六 1
中合勒只舌兒中忽答	被斜人行	八 17
客別里兀勒	歪了	六 12
阿剌黑赤剌罷	偏向了	續二 32

撒察兀	一般	六 40
撒察兀	齊等	二續 8
撒察	一般	七 29
撒察	齊等	二續 29
不侖	共	三 42
孛侖	共	三 46 四 6 八 3
迭(舌)兒格纏	並	四 47
不兒(中)合里黑	飄	一 19
(中)含(中)合(舌)魯	碎	四 50
潮兀(舌)列魯阿	碎了	二 3
潮(舌)魯	碎	四 49
超兀侖	碎	九 1
客兀魯	碎	四 49
坎客侖	撞碎	九 1
砍客(舌)魯	碎	七 43

客木客舌魯	破碎	七 9
阿只舌剌中忽	散的	五 30
塔兒中合罷	散了	二 17
塔兒中合兀侖	散教了	二 17
塔兒中合黑撒惕	散了的	二 18
塔兒中合周	散着	二 20
塔兒中合兀侖巴舌剌周	散了着	二 21
塔兒中合兀侖	教散	二 21
塔兒舌中合黑答罷	散了	一續 30
塔兒舌中合黑撒訥	散了的	二續 38
朵魯思格周	散着	六 21
中康中合思	破開的	一 31
中合勒中合孫	破開柳條的	二 50
中合勒塔赤周	破着	三 2 5
額卜迭周	破着	一續 14 43 二續 27 29

額卜迭額惕	破了	一續43
額卜顛	破	一續43 二續9
額卜迭克迭舌侖	被壞時	二續21 22
厄卜迭古	壞的	十24
厄卜迭惕坤	壞您	三50
厄迭額速	壞呵	三44
孛勒中渾	壞的	一14
兀乞塔剌	緊	二5
額舌兒勤	緊要的	三6
額舌兒勤	緊要	三13 八43 44
額舌兒乞惕	緊要每	五18 八43 44 一續4
中合答中合	緊要事	二續49
中合答中合禿	緊要有的	八17
豁舌來塔剌	緊	一續26
你亦台塔剌	緊	一續26

你都舌剌塔剌	緊	續一 26
禿舌兒古捏	緊行	續二 21 21 22
禿舌兒格捏	緊行	續二 22
撒黑剌中合兒	鬔鬆	一 39
撒黑剌中合舌兒	鬔鬆	三 28
撒黑剌舌兒	鬔鬆	八 39
速剌剌周	鬆着	二 22
都兀舌良	滿	四 25 25 39
都兀舌連	滿	八 21 續二 31 32
都兀舌兒堅	教滿	九 31
都兀舌兒格禿該	教滿者	九 36
都兀舌兒格周	教滿着	九 37 38
都兀舌兒格速	教滿了	三 45 45
都兀舌兒抽	滿着	八 41
中罕答中忽	滿立的	九 25

必撒舌里兀勒周	盈滿着	十 29
豁黑脫舌兒中忽	空	三 4
豁黑脫舌兒中灰	空	三 22 23
豁黑脫舌兒中灰	虛	十 19
豁黑脫舌兒中忽	空	三 5
中豁斡孫	空	三 6 五 4 九 12 一續 26
綽羅突舌兒	空隙裏	六 12
綽羅	空隙	七 36 36
搠剌亦壇	空缺	一續 32
答兀思中忽	當的	二 24
都塔罷	闕了	二 43
都塔塔剌	缺少了	七 4
都塔兀	缺少	八 28 28
都塔兀侖	教缺了	九 9
都塔兀余安	缺少的自的行	九 25

兀該兀	無的	七 36 36
兀該失圖	無般	五 36
兀格溫	無每	二 8 三 50
兀格溫	無的	一 32 五 5
兀格兀	無	八 42 九 42
兀格為	無	八 46
拙兒乞篋思	無人能敵	四 26
孛侖阿主兀	有來	五 29
不列額	有來	一 2 2 3 7 7 10 10 13 13 17 18 23 23 23 23 23 24 24 25 25 25 25 26 27 27 27 27 27 28 28 28 29 29 29 30 30 30 30 30 31 31 31 31 31 31 32 32 39 41 41 41 41 43 45 47 49 二 15 17 22 27 28 33 36 39 三 15 21 28 31 37 45 四 8 8 8 9 12 25 25 27 27 28 28 28 28 28 28 41 42 42 42 42 五 1 3 4 7 19 25 30 43 45 46 六 22 23 31 35 36 36 36 37 38 38 38 40 41 41 41 52 七 6 9 29 33 37 44 八 14 15 15 18 20 21 27 36 37 44 47 九 2 4 7 13 15 15 17 31 十 27 27 30 30 30 30 30 37 38 39 續一 23 24 24 24 24 24 27 40 續二 1 3 22 29 32 32

不恢額徹	有的時行	八 28
不恢額徹	有行	八 40 十 40 40
不中灰	有時	五 43
孛額速	有呵	一 4 22 35 35 二 1 五 7 23 六 3 17 21 22 22 36 48 七 12 29 29 31 35 39 39 48 八 10 10 43 九 13 15 15 22 25 25 33 33 43 43 十 34 44 44 一續 21 32 二續 4 5 17 45 45 49
孛額惕	有了	四 9
孛額惕	見有	五 42
孛額惕	有間	二續 29
孛額帖列	有間	三 14 18 四 41 五 43 六 40 七 15 九 49 一續 35 二續 23 38 56
不舌侖	有來	三 10
不舌侖	有呵	五 9 32 六 30 九 34 二續 23 30 32
不周	有着	七 11
不舌侖	有着	四 2 七 13 八 27
不舌侖	有	九 43 十 30

不侖舌	有的	八 12 19 二續 4
不侖舌	有間	二續 45
不古宜	有的	一 8
不古泥	有的行	三 47 49 五 21 七 38
不古	有的	四 2 六 16
不里亦	有來	一 37 二 37
不里吉	有來	五 22
不坤	有的	一 21 32 三 14 五 16 32 六 1 25 29 七 38 八 3 4 二續 29
不主為	有來	三 15
不禿該	有者	七 11
不由	有	十 22
不坤	有的	一續 19
備者	有	一 11
備	有	一 21 26 35 35 35 43 48 48 48 二 8 8 29 30 30 35 39 45 三 2 5 6 6 9 10 39 五 17 25 36 46 50 六 3 3 3 3 5 16 19 42 46 50 七

10 11 11 13 13 15 15 16 16 23 24 25 27 27 28 29 33 34 42 48 八 8 9 15 21 45 九 2 4 5 6 8 15 22 45 45 十 7 8 22 23 28 29 34 一續 8 15 22 23 29 29 30 30 30 45 46 47 二續 2 11 17 18 22 24 34 38 46 46 49 49 52 52 52

備由　有　一 4 11 12 13 15 19 20 45 49 二 33 33 34 39 39 45 45 三 1 20 31 四 9 17 45 46 50 50 五 3 4 30 30 36 40 40 42 43 43 六 5 6 13 39 七 5 6 6 10 29 31 36 37 38 39 47 九 12 十 25 25 二續 4 8 33

備有兀　有麼　二 45

備　有麼　六 27 52 十 7 一續 28

阿主兀　有來　一 1 2 5 5 6 19 35 44 44 46 48 二 16 26 34 35 36 39 39 48 48 三 18 18 18 33 34 34 四 40 50 五 9 11 六 25 48 49 51 七 6 22 47 49 八 5 36 37 45 九 42 十 18 20 40 一續 15 16 20 22 22 33 二續 31

阿主兀　有　一 1 20 二 19 29 四 17 41 五 39 39 六 4 6 11 11 29 39 39 七 16 16 23 八 33 二續 44

阿主兀　有也者　五 31

阿主兀　有來麼　六 23 23

阿主兀	有了來	六 42
阿主為	有來	四 21 35 47 六 2 3 37 48 七 1 26 26 26 八 2 九 19 26 26 二續 8
阿(中)忽宜	有的行	二 29
阿(中)忽	有	一 44
阿(中)忽	有麽	八 48 九 2 22 一續 17
阿(中)忽訥	有的麽	七 25
阿(中)忽由	有麽	二續 49
阿(中)忽由	有麽有	二續 34
阿(中)忽牙	有行	一續 21
阿(黑)撒惕	有的每	七 34 一續 44 二續 14
阿(黑)撒惕	有的	四 47
阿(黑)撒敦	有來的每	二續 43
阿(黑)都埃	有者麽	十 4
阿木	有	二 46 46 五 4 4 40 七 48 十 24 37 一續 45 二續 33
阿梅	有	五 4 40 一續 45

阿梅	有麽	一續 27
阿禿中孩	教有着	三 2 2 七 21
阿禿中孩	有者	七 19 九 20 21 36 36 37 40 十 5 24 26 一續 48
阿突中孩	有者	十 10
阿黑三	有來的	二續 43
阿惕坤	有您	二續 12
阿舌侖	有間	八 35
阿只埃	有來	一 1 五 22
阿中渾	有	九 19 19
阿伯	有來	九 1
阿周	有着	九 23 十 10 26 一續 29 32 一續 23
阿剌埃	有來	一續 8
阿舌侖	有時	二續 5
阿惕中渾	有者您	二續 27
阿渾	有的	三 50 七 12

阿中灰	有	十	27
阿塔剌	有間	十	38
只兀舌兒篾迭梅	愈甚有	二續	22
不舌魯兀牙	特地	五	46 46
不舌魯兀牙	特地行	八	22
答魯阿	常川	一	26
阿速中孩	常川	一續	9
斡舌羅申	常川	二續	47
答舌侖	常川	十	9 10
孛都勒中罕突舌兒	亂離裏	五	22
亦不侖不恢	紛攘有的	十	1
脱黑壇	定	二	5
斡舌羅失兀侖	定體	二續	49
中豁舌魯兀勒周	教凝了着	一續	24
哈中忽黑三	凝定的	九	16

你都舌剌魯阿	乾了	二 3
中豁乞埋	枯乾	三 19
哈黑抽	乾着	四 39 43
那亦壇	濕	八 40 九 8
那卜失勒都周	共濕着	八 40 九 8
訶額周	爛着	四 49
迭列篾	泛濫	五 48
阿舌闌	僅得	二 37
別舌兒客	難	七 26 28
別兒客	艱難	二 4 48 48
別舌兒客都兀	難麽	七 16
別舌兒客失顏	作難	九 42 二續 44
別舌兒客失耶額速	作難呵	九 34
別舌兒客禿	難有的	一續 36
別舌兒客勒都克迭周	難攻着	二續 16

蒙	艱難	二 29
蒙塔你周	艱難	二 34
蒙塔你周	艱難着	二 29 33
阿勒札阿惕	艱難了	六 14 33
阿勒札黑答舌侖	艱難間	二續 21
邦列你周	（艱難）	八 35
乞勒八舌剌	容易行	一 14 14
乞勒巴舌魯	容易麼	十 7 7
勤勒巴兒	容易	一 21
忽舌魯兀	顺	一 3 二 17 36 四 33 五 28 33 六 18 24 28 44
忽舌魯兀	顺着	三 14 15 四 13 37 37 七 31 八 44
忽舌魯兀	顺水	一 15 17 18 18 二 3 22 四 31
忽都思	缘有	八 41
亦魯卜帖	顺便	二續 52
斡額迭	逆着	一 37 二 26 26 44 三 9 9 四 11 12 五 30 六 15 29 七 22 一續 18 19 39

音譯	釋義	出處
		39
斡額迭	逆水	一 20 20 36 二 5
斡額迭	逆	三 10
(中)豁羅	遠	四 41 41 七 11 34 35 八 10 九 34 42
(中)豁刺宜	遠行	八 7
(中)豁刺	遠	續二 44
禿(舌)魯(黑)	遠	八 20 40
客只額	幾遠	二 45
斡亦(舌)刺	近	一 19 二 45 八 10
亦都(舌)列恢	將近的	七 10
迭兒格迭温	附近	六 1
(中)豁綽(舌)兒出兀	落後了有來	五 39
(中)豁綽(舌)兒出兀	落後着有	六 11
(中)豁綽(舌)兒出兀	落後了有	七 6
(中)豁綽(舌)兒出為	落後了有	六 42

中豁綽舌兒罷	落後了	二27 32 五30
中豁綽舌兒抽	落後着	三30 五3 八19 十24
中豁綽舌兒速	落後我	四49
中豁綽舌魯黑撒泥	落後了的行	三32 五40
中豁綽舌魯黑撒泥	抛下的行	三24
中豁綽舌魯黑三	落後的	四47
中豁綽舌魯兀澤	落後麽	七16 16
中豁綽舌魯由	落後有	七39
中豁綽答由	落後有	七39
中豁只答罷	落後了	九17
中豁只答兀魯梅	教落後了有	二2
中豁只答兀勒答周	被落後了着	二1
中豁只答黑撒泥	落後了的行	三12
中豁只答黑撒你顔	落後了的自的行	續一29

(中)豁只荅牙	落後咱	三 12
(中)豁只荅速	落後了	三 45
(中)豁只丹	落後	一續 32
(中)豁只惕	落後	二 1 三 12 十 2
(中)豁捌(舌)魯黑撒泥	落後的行	四 18
(中)豁捌(舌)魯黑撒惕	落後的每	一 49 四 18
(中)豁捌兒出兀	墮落了	二 15 15
(中)豁(舌)藍	暫	二續 24
豁(舌)藍	略	一 20
豁魯木惕	略	一 19
温只勒札周	垂着	六 13
扯兒別格勒者温勒周	垂着	二 46
孛勒(中)忽	中	二 16 48 五 40
孛勒(中)忽由	中麽有	七 24 27 一續 45 二續 21 22 34 48 49
孛勒畢	中了	七 29

孛魯宜	中有	八 8 8
孛魯	中	一續 29 32 二續 3
孛里	中	一續 25 25 28 28
揑亦列	相合	一續 43
揑亦列兀列額惕	相配了	二 37
揑亦列兀勒周	相合着	五 18
揑亦列兀侖	教相合	七 24 一續 39
揑亦列罷	相合了	六 45 一續 4 14 43
揑亦列周	相合着	八 2
揑亦列帖列	相合	七 32
揑亦列主兀	相合了	一續 38
揑亦連	相合	三 10 25 34 34 42 四 6 34 48 五 33 六 30 八 3 一續 19
揑亦連勒都周	相合着	二 27
揑亦連勒都牙	相合咱	三 9
中含禿	同	四 13 六 3 九 48

中含禿巴兒	同	續一 26
中含禿	一同	一 12 14 44 二 7 9 30 三 29 四 1 13 五 23 30 37 37 七 46 46 47 續二 32 38 38
中含禿	一處	四 38
中含禿惕抽	相同着	三 24 24 四 30 32
中含禿惕抽	一同着	八 3
中含禿惕中合周	相合着	二 40
中含禿惕中合罷	合併了	八 18
中含禿惕中合黑撒訥	教相合了的	八 46
中含禿惕中合勒都周	相收合着	三 2
中含禿惕抽	相合着	三 11 14 八 2
中含禿惕中忽	相合的	三 4
中含禿惕罷	相合了	八 14
中含禿敦	相合	七 26 26 28
中含禿都阿速	相合呵	七 27

勺乞中灰	合宜的	五 22
勺乞勒都牙	商和咱	四 10 10
勺乞由	宜有	六 3 3
中合泥勒中罕	比着	一 13
兀里周	比着	五 19 20 20 20 九 12
兀里罷	比了	五 26
阿答里惕中合禿中孩	教比方者	八 15
阿答里	相似	一 19 五 24 七 48 48 一續 50
勺舌里纏	相错着	三 32
勺舌里纏	交參	二續 38
勺里阿	替身	二續 21 22
中合舌兒不察周	交參着	十 30
薛勒帖	連	五 13 27 32 六 31 九 49 十 43 43 二續 11
撒勒帖	連	七 2 二續 39
撒勒帖	帶	四 11

薛勒帖	帶	五 15
客勒乞帖列	直連了	七 38
巴秃答	堅固行	一續 36
中忽舌兒察	鋒利	七 10 一續 9 9
中忽舌兒察壇	鋒利有的	二續 18
亦只里都勒纏	慣熟	四 9
答都黑三	慣了的	六 3
速舌兒抽	慣着	二續 4
你兀惕中渾	(秘密)	七 13
額赤捏温	暗地行	十 31
朶舌羅温	暗地	六 5
秃不兀的	大概行	五 32
中忽只兒周	毒着	一 48
中豁舌欒	毒	二續 11
中豁舌羅	毒	一 48

額別都木	疼有	二 1
額別都克先	疼了的	二續 11
額別惕抽	疼着	二 21 二續 1
額別惕罷	痛了	三 5 5
額別惕古	痛的	八 14 15
額別舌列帖列	痛	七 28
掤沉討兀	驚怕	一 47
鎖赤温勒	驚	一 47
額米額罷	惶懼了	十 29
可乞迭克	輕驚動的	三 5 6
闊乞周	驚着	三 32
兀舌兒古周	驚着	七 42 二續 1
斡黑札惕抽	驚着	八 6 十 30
斡黑札惕中合牙	虛驚咱	七 23
斡黑札惕中合黑三	教驚了的	十 1

忽中剌只周	驚出着	十 31
格耶克抽	驚駭着	十 29
歹亦真	驚反着	一續 38
歹亦只兀勒罷	教驚了	一續 40
斡舌魯克訥塔	寧静	十 1
斡舌魯克突舌兒	寧静時	十 7
昂客	太平	三 44
土卜申	平	二續 26
秃客勒	安	二續 26
馬石	好生	二 1 12 29 36 37 40 51 四 15 15 18 37 五 20 20 21 七 47 十 12 18 一續 4 13 17 17 39 40 二續 1 13 31
奈	好生	三 50
納速答	如常	四 8
兀舌兒古勒只	如常	八 37
阿由	怕有	四 50

阿余周	怕着	一35 二13 四28 41 五14 25 七42 十34 續一8 8 46 續二34
阿余兀勒中忽	教怕的	六21
阿余兀勒罷	教怕了	六21
阿余兀魯罷	教怕了	六21 21
阿余兀勒周	教怕着	七11
阿余兀勒答刺阿	被教怕來	八10
阿余兀魯黑撒你顔	教怕來的自的行	八15
阿余兀魯刺阿	教怕了來	八22
阿余罷	怕了	十31 續一8 45
阿余兀里	教怕	續二34
阿余温勒答罷	被驚怕了	二51
不阿余	休怕	六6
札勒中含失黑壇	擾怕了的	二42
阿云巴	怕也	十31

額(舌)魯思帖兀澤	恐被害	二 32
汪格	顏色	一 45 45 45 三 43
汪格田	顏色有的每	一 44
汪格額(舌)兒	顏色依着	六 20
(中)合(舌)剌	黑	一 13 44 二 39 39 40 三 1 2 2 6 7 7 18 18 25 44 47 四 42 43 50 五 13 36 六 25 27 49 七 26 26 八 17 18 九 3 14 23 續一 25 25 25 52
(中)合(舌)剌禿	黑	三 19
(中)合(舌)剌兀台	黑	一 4 十 28
(中)合(舌)剌兀台	黑有的	二 44
(中)合(舌)剌訥兀惕	黑每	十 15 15
(中)合(舌)剌答	黑行	五 43
(中)合(舌)剌(黑)赤兀惕	黑每	六 3
(中)合(舌)郎(中)灰	黑	二 20
(中)合(舌)郎(中)忽	黑暗	三 18 19
巴(舌)魯安	黑了	二 32

察罕	白	一 43 43 二 15 16 四 49 50 六 44 七 9 九 20
察中合安	白	二 20 25 32 32 八 24 31 九 20 十 28
察中合阿納	白行	五 43
察中合阿訥兀惕	白每	十 15 15 15 15
格格延	白	九 3 23
失舌剌	黄	一 13 13 二續 26
失舌剌答	黄行	十 43
失舌剌馬勒	黄	二續 26
失舌闌勒	黄	二 42
忽剌安	紅	二 17 三 29 四 45 七 22 八 17
忽剌阿答周	紅着	九 14 16
忽剌侖不恢中合勒	紅有的火	八 33
昂格思格	紅	六 9 16 八 43
阿勒	大紅	十 12
闊闊	青	二 27 四 49 六 34 35 八 31 31

孛(舌)羅	青	二 38 八 36 十 41
抹(中)合阿周	白着	八 30
失兒(中)合	慘白	二 27 28 28 29 29 30 30 30 30 八 35 36
失兒(中)合	慘白色	二 9
(中)豁埃	慘白色	一 1
(中)豁阿(黑)臣	慘白	三 38
(中)豁阿	慘白	三 38
孛兒帖	蒼色	一 1
只速列周	色樣着	續二 10
薛兀迭兒	影	二 11 九 11
薛兀迭(舌)兒	影	四 9
薛兀迭(舌)列徹	影外	二 8 10 12
薛兀迭(舌)列扯	除影兒	三 48
薛兀迭(舌)兒	影兒	三 48
(中)合(舌)剌阿	形影	六 45

巴舌魯阿　形影　六 48

巴舌剌阿　形影　一續 29

斡舌羅　痕迹　十 43

突兒　時　一 31　二 18　三 5　四 1　18　五 9　七 31　十 21　一續 9　二續 10

阿答舌兒中合泥　（離間）　五 37

阿答舌兒中罕突舌兒　（離間裏）　六 22

阿答舌兒答阿速　（被離間呵）　五 37

阿答舌兒塔阿速　被離間呵　六 22

額朶額　如今　一 37　二 9　20　22　22　23　25　35　41　48　49　三 2　5　5　6　6　20　27　31　四 1　12　13　19　43　48　49　五 4　13　14　22　25　26　30　34　36　42　45　46　49　六 22　22　31　33　35　37　40　51　七 7　10　11　14　15　26　29　34　35　44　47　47　八 10　14　14　18　18　18　19　20　22　22　29　34　38　41　47　九 7　8　9　21　23　26　28　29　31　31　十 30　34　36　37　一續 4　8　15　16　27　30　二續 4　4　8　19　22　23　30　37　49　57

額朶額惕圖舌兒　如今裏　一續 5

孛勒禿孩中	可	二 15
把	並	一 18
巴	並	四 40 40 九 24
牙兀	甚麼	三 31 五 15 16 26 27 六 6 7 20 21 一續 31 32
牙兀	甚	四 20 五 26 49 八 36 42 一續 16 22 29 31 二續 20 35
牙兀	如何	五 40 六 11 十 37 一續 31
牙兀	怎	一 11 五 26 八 13 13
牙兀訥	甚的	一 12
牙兀訥埃別	甚的	一 18
牙兀客	甚麼	五 18
牙兀真	甚麼	一 22
牙兀納	甚麼行	一 20 21 四 9 五 43
牙兀惕	甚麼每	七 33 33 35
牙兀壇	甚麼每	七 12
牙兀巴	不問甚麼	三 40

牙兀班	甚麽自的行	一續 31
牙温	有甚	八 18
牙温	甚麽	一 9 15 18 21 44 二 34 34 44 46 三 39 四 7 五 5 48 六 21 七 10 29 八 9 28 28 二續 22
牙温	甚	四 41 45 五 25 七 15 一續 35 36 二續 22 52
牙温	如何	一續 30
黯巴(舌)兒	甚麽	一 43 四 1 八 29 九 8 十 36 一續 22
黯巴(舌)兒	怎生	四 41 五 19 48 六 31 八 44 九 23 二續 19
黯巴(舌)兒	怎	一續 30
也勤	如何	一 13 13 14 四 1 1 五 42 43 46 六 21 21 七 6 15 15 29 35 44 46 一續 11 15 16 28
也勤	為甚	二 2 8 8 10 10 23 23 30 四 41 47 47 五 31 43 十 36 一續 23 45 46
也勤	怎麽	五 6
也琴	怎地	九 15
也乞坤	待如何	五 41

也乞坤	做甚	五 5
也乞兀澤	做甚	五 3
也乞兀者	要做甚麽	七 11
也乞克薛惕	做甚麽來的	十 36 37
耶乞別	做甚來	十 29
客舌兒	怎生	一 37 37 二 3 8 9 12 15 15 20 24 三 4 4 21 39 50 四 7 9 18 五 5 6 7 13 15 19 44 44 46 六 51 51 七 11 16 八 8 13 31 34 九 15 27 十 27 一續 22 35 二續 5 29 37 47 56
客舌兒	怎	七 15 23 九 7 25 28 49 十 7 24 37 38 一續 20 22 30 31
客舌兒	怎可	一續 6
客揑	怎生	一續 26 26
客舌兒別舌兒	若是	四 42
額額揑克徹	專一	五 39
額薛	不曾	一 4 15 15 18 20 21 二 19 20 45 三 21 31 四 1 20 35 40 45 五 2 17 18 27 30 32 39 40 43 六 2 17 20 28 28 31 35 35 46 51 七 2 4 5

14 23 28 28 29 29 八 18 21 22 28 28 28 29 33 43 46 九 2 3 4 4 4 8 8 12 12 15 15 15 17 42 十 1 2 11 23 24 27 28 35 一續 16 16 21 22 24 24 24 44 44 二續 3 4 8 24 34 40 45

額薛兀　不曾　二 23 三 1 2 12 六 22 22 22 23 23 41 41 七 28 一續 27

額薛兀　不曾麽　七 34 35 44 八 22 一續 24 25 二續 35

額薛古　不曾也　四 19 七 24

額薛克薛捏　不曾的　九 9

額薛　不　十 6 43 一續 33 二續 23

兀禄　不　一 7 15 21 38 38 44 44 二 1 2 2 2 2 5 9 12 16 19 22 23 25 25 28 28 29 34 34 38 48 三 27 32 37 四 1 7 9 9 9 10 11 27 27 28 34 38 39 40 45 48 50 五 1 3 4 14 18 39 42 43 43 44 46 46 六 17 19 21 22 23 26 38 40 40 43 49 49 52 七 4 5 14 26 36 38 38 39 39 46 八 8 8 8 9 17 17 17 20 20 21 21 21 22 22 22 37 47 九 4 4 9 9 9 19 34 十 1 2 3 7 16 16 27 30 31 39 43 一續 5 5 15 22 22 24 24 25 25 25 25 28 28 28 30 31 31 31 32 32 33 33 33 33 33 33 35 37 37 39 40 二續 2 2 3 3 12 16 21 29 31 38 44 46 47 48 49 57

兀禄兀	不	三 49 49 四 41 42 七 16 16 16 16 29 八 7 7 7 48 九 2 7 15 22 一續 17
兀禄兀	不是	六 52
兀魯兀	不是	六 27
兀魯兀	不	十 4 一續 28
不魯兀宜（舌）	不是的行	八 38
兀魯兀宜	不從的行	一續 6
不魯兀（舌）	不是了	十 34
不魯兀顔（舌）	不是自的行	一續 45
不魯兀（舌）	不是	十 34 二續 56 56 56 56 56 56 57 57 57
不速（惕）	不是	一 35
不速禿	不有來麽	三 12
不速禿	不是有的麽	三 4 4
不速兀	不是有麽	八 29
格年	不想	三 1

赫兀失耶周	不宜着	一續5
赤答(中)忽	能	二28 28 七14 一續31
赤答(中)忽	能的	五2 八8
赤答(中)忽訥	能麽	二9
赤答(中)忽由	能的麽	七10
赤答(中)忽因禿剌	能的上頭	一續51
赤答(中)灰阿察	能的行	十37
赤答(中)灰巴(舌)兒	能的依着	一續31
赤答(中)渾	能	四45
赤答(中)渾	能的	六6
赤丹	能	五44
篾兒干	能	二5
牙答周	不能着	三30 四35 39 40 五6 7 28 43 六6 36 42 48 51 52 七43 八2 3 17 17 44 一續3 二續3
牙答周	未能着	三30

牙答周	不得着	四13 九27 28 一續52
牙答罷	不能了	一12 40 二48 六36 45 七4
牙答罷	不得了	五15 九28
牙答中忽	不得	二11
牙答中忽由	不能有	五4
牙答中忽	不能的	五2 七29
牙答中忽宜	不得行	九16
牙答黑答周	被不敢着	四2
牙答黑三	不能了的	五7
牙答黑三	不得了	九28
牙答梅塔	不得有您	十30
牙答梅	不能	一續9
牙答木	不能有	七29
牙答木	不能	一續9
牙答塔剌	不能直至	一續10

牙答塔剌	不能直到	一續46
牙答主為	不能了	二48
牙答由	不能有	六23 23
牙答(舌)侖	不能時	七27 28
牙答(中)灰宜	不能的行	七29
牙答阿速	不能呵	十19
牙怛周	不得着	二11
牙怛周	不能着	二14
牙丹	不得	二9 12
牙丹	不能	四27 六4 45 八17 十29 一續35
兀都為	未的	一4
兀都為	未	四9
兀都兀耶	未	三31
兀都兀耶	未行	四42 五3 5 六18 十35 36 二續35
兀都兀牙	未行	八7 7 一續35

勺卜	是	一 12 三 50 四 48 八 41 一續 23 24 49 50
勺卜	是的	八 38 41
勺卜	正是	四 12
勺卜	正好	九 2
勺不兀	是麽	五 43 46
勺必	是麽	二續 30
勺卜失耶周	道是着	三 32 六 50 52 七 18 24 48 49 九 28 一續 6 47 二續 2 20 50
勺卜失顔	道是	一續 32 二續 34
勺卜失耶克迭周	被道是着	二續 53
勺卜失耶額速	道是呵	二續 49
勺卜失耶舌侖	道是時	二續 52
勺卜失耶主為	道是了	二續 52 52
勺卜失耶勒都周	共説是着	五 6
塔不兀	是麽	五 43 46
塔必	是麽	二續 30

音譯	旁譯	出處
		24 一續 5 22 31 33 二續 22 30 38 48
不速惕	別	二續 38
不速	別箇	三 20
不速的	別的	二 14
不速惕	別的每	七 47 一續 43
不速惕途舌兒	別的每行	十 27
不速宜	別的行	九 34
不石	別	二 1
不失台	別有的	一 34
不失	別	三 43 八 30 47 九 4
不實	別	七 10
昂吉答	外	二 33 八 8 9 14 15 21 九 33 34 十 6 7 二續 40
昂吉答	別	四 22
昂吉答	別處	七 11
昂吉答	處	七 23 24

那闊額	第二	六 23 23 23 23 七 2 九 16 二續 55 55 56
那闊額	第二次	八 45
那闊額帖	第二次	七 9 九 42 二續 12 44
那闊額帖	第二行	八 45 45
那闊只宜	第二行	六 31
那可帖	第二次行	三 26
額列	但	一 35 35 43 44 二 6 18 19 三 21 四 1 五 3 16 23 25 44 48 六 37 七 12 23 24 29 34 35 37 39 八 5 九 43 43 十 44 一續 20 23 二續 45 50 52
中豁脱剌	但有的	三 13
魯	但	五 45 46 六 35 七 23 十 7 一續 29 29
者	但	一續 31
禿剌	上頭	一 27 27 28 28 二 18 32 50 50 三 39 39 四 7 7 9 26 50 五 9 10 六 26 七 1 2 3 八 21 29 39 41 43 45 45 九 2 7 20 十 21 30 43 43 一續 30 51 二續 12
孛侖	上頭	四 28 29

孛額惕	即便	五29 八9 9 十28 一續6 35 二續50 56
孛額惕	就便	三30
不額惕	便	五49 八35
帖堆	便	一38
帖堆	即便	六42 43 46 48 七24 32
帖對古	隨即	五26
兀不兒速不兒	陸續	二32
孫都(舌)兒抽	陸續	一續2
主乞耶(舌)兒	正依着	九30
門	本	三16
門門	本本	二19 19 20
不敦	本	八13
別耶別兒	親身	二4
別延格敦	親身	五43

38 38 39 39 44 45 49 49 50 四 1 3 4 6 6 7 10 11 12 15 15 17
17 18 19 22 23 24 31 34 34 34 37 42 43 45 45 45 45 46 50 50 五 1
2 2 3 3 4 4 4 4 5 6 7 7 12 17 18 19 19 20 21 25 26 29
29 31 37 38 38 39 43 43 45 45 46 46 46 47 49 50 六 3 3 5 6 11
15 16 19 21 24 25 25 26 27 29 33 34 34 35 38 39 40 41 41 45 45 45
46 46 48 48 51 51 52 52 53 七 3 3 6 7 7 9 11 11 15 16 19 24
24 24 25 28 31 33 35 36 37 42 45 46 46 47 47 47 48 49 49 八 5 8
9 10 11 13 13 14 15 17 17 21 22 22 22 24 27 28 29 30 30 31 31 35
37 38 40 40 41 42 42 47 48 九 2 4 4 6 7 9 10 10 11 17 20 21
22 23 24 25 25 26 28 29 31 34 34 36 36 37 39 40 41 42 43 43 45 46
49 十 3 7 10 10 11 11 12 13 16 16 18 19 21 21 21 22 23 24 26 27
28 44 一續 1 6 6 8 9 12 12 12 12 13 13 15 16 17 17 18 18 20 20
21 27 28 31 32 33 35 38 40 41 41 42 45 47 二續 1 3 3 4 5 6 7
8 8 10 10 10 11 11 12 12 16 16 17 18 19 19 21 21 22 22 22 26 28
29 30 34 37 37 38 38 39 40 42 43 45 45 46 49 52 54 57

鎖納　新
五 4

阿木撒阿里舌　可懼
七 37

札撒由	點有	七 38
巴黑塔阿勒答塔剌	入險直到	一續 46
中豁只塔剌	衣短	二 5
主中合主兀	對付着	六 35
抹那中豁亦納	明後	二 35 九 2
升塔侖	退後	一續 46
塔申	拍	六 9
塔申	拍着	二 30
答卜失中灰突舌兒	拍時	三 5
額舌列延	指望	六 46
額舌列周	指望着	一續 23
塔壇	減了	七 38
升格克先訥	落了的	二 28
升格克薛訥	落了的	九 47 二續 37
升格額速	落了呵	二 17

升格周	落着	二 32
升格恢	落的	六 9 八 19
升格兀侖	落後	四 38
升格古	透	一 13
升格古因	落的	七 20
升格古額徹	落處	續一 46
兀納罷	落了	十 39
禿兀巴	落了	一 43
禿兀罷	落了	一 43
出卜禿思抽	沉落着	八 3
出卜禿思抽	猛投着	續一 39
撒卯危	亂的	七 46
撒卯兀舌剌中忽	亂了	七 46
撒卯危突舌兒	亂裏	七 24
撒卯兀舌剌中忽	作亂	七 47

坎列克先　限定了的　九 33

弁列克先　限定了的　二續 54

款多列都迭　被傍人行　八 17

希舌剌兀舌剌　底行　五 41

喜舌魯阿舌剌　底行　八 10

元祕史音譯類纂二六　人事類

掃花	人事	三 24 四 17
脱舌列克先	生了的	一 1 1 5 6 10 25 27 28 29 46 二 5 三 37 七 10 16 38 續一 20 21 25 25
脱舌列兀魯列額	教生了來	七 10
脱舌列兀魯克先	生了的	七 48
脱舌列兀勒畢	生了	一 7 24
脱舌列温勒畢	生了	一 10 11 12
脱舌列恢突兒	生時	一 40
脱舌列恢突舌兒	生的時	九 5
脱舌列恢魯額	生時一同	九 6
脱舌列勒乞突舌兒	生裏	八 19
脱舌列勒都克先	共生了的	八 33

朶𠮿(舌)(克)先	生了的	六39 39
推恢(舌)突兒	生裏	七47
勺孛郎	生受	續二49
勺孛周	生受着	五20
勺孛阿周	生受着	六40
勺孛梅	生受有	五36
勺孛安	教生受	六40
勺孛(勒)都(黑)撒的	共生受了的	
	每行	九30
勺巴阿(中)忽	教生受	八18
勺巴(黑)三	生受了的	九17
勺巴安	生受着	十16
勺般	生受	五43
倒兀孫	受	二12 六26
倒兀孫牙丹	受不得	二9

答兀孫	受	五 14
斡思抽	長着	八 28 28
斡思格罷	教長了	八 29 29
斡思古魯額	長的一同	八 33
斡思恢魯額	長時一同	九 6
斡思格周	教長着	一續 9 二續 8
斡思格周	長着	一 45
斡思格舌侖	教長時	一續 26
斡速勒扯克先	共長了的	八 33 九 6
耨兀克迭舌侖	起了	二 3
耨兀克迭舌侖	起行時	二 4 4
耨兀克迭周	被起着	二 5
耨兀克先	起了	九 4
耨兀罷	起了	一 7 三 29 六 18 18 十 41
耨兀周	起着	一 3 4 6 17 18 二 38 三 10 42 四 31 五 12 40 六 18

耨兀者埃	起了	二 3
耨兀主為	起了	二 5
耨兀惕坤	起您	二 3
耨兀坤	起	二 2
耨兀舌侖	起時	三 29 八 44
耨兀牙	起咱	十 41
耨兀古	起的	續二 11
耨兀恢突舌兒	起時	九 3 十 7 7
耨兀耶	起咱	三 29
耨溫	起	六 23
揑兀古	起行	二 46
揑兀舌里	起行的	三 30 30
孛思	起	二 42 42
孛思抽	起着	五 16 23
孛思抽	起着	二 42 六 35 十 27

迭克迭克先	騰起了的	二續 35
擺亦中忽	立	二 30
擺亦中忽宜	立的行	四 45
擺亦中忽泥	立的行	七 6
擺亦中忽泥	立的每行	八 36
擺亦中忽你顏	立的每自的行	七 20
擺亦兀魯勒潺	共立	八 24
擺亦兀魯勒察黑撒惕	共立了的每	九 30
擺亦兀魯阿惕	立了	八 24
擺亦兀魯阿速	教立呵	九 2
擺亦兀魯舌侖	教立時	一續 25
擺亦兀魯黑三	立了的	二續 47
擺亦兀勒禿中孩	教立者	七 20
擺亦黑撒阿舌兒	立了的上頭	三 49

擺亦黑撒惕	立了的每	九47 十22
擺亦黑三	立的每	九9
擺亦黑三	立的	十19
擺亦黑三	立了的	續一46
擺亦答勒都里舌顏	立處自的行	五29 六29
擺亦答勒突兒舌	立處	五31
擺亦答勒壇	立有的每	十2
巴亦塔剌	直到	七43
擺亦塔剌	止住直到	十18
擺亦塔剌	直立了	八38
擺亦主為	立了有來	五18
擺亦主為	立了	七32
擺亦主兀	立了有	七37
擺亦中灰	立的	六12
擺亦中灰魯阿	纔立了	六8

擺亦周	立着	二 27 30 32 三 30 五 39 六 11 七 6 19 43 八 37 九 39 48 十 1 40 一續 23 二續 38 42
擺亦罷	立了	二 32 三 12 五 25 六 8 9 11 七 34 36 39 十 38 40
擺亦木	立有	三 38
擺亦中渾	立着	四 39
擺亦牙	立咱	五 17 七 34 35
擺亦速	立咱	六 5
擺亦因	立	六 12
擺亦惕中渾	立您	五 25
擺亦阿速	立呵	五 25
擺亦巴速	立呵	六 51
擺亦禿中孩	立者	十 5 二續 37 40
擺亦勒都周	立着	七 32
擺答勒	立處	六 29
擺答剌察	立處	七 39

撒兀鄰舌	坐次	二續 39
撒兀鄰舌都里舌顔	坐位自的行	七 21 九 46
撒兀里舌	坐次	八 34
撒兀里舌	坐位	八 38 39 九 10 20 48
撒兀里舌訥	坐位的	二續 39
撒兀畢	坐了	五 23
撒温勒周	坐着	一 11
撒温	坐	九 16
撒温勒中灰	教坐的	一 45
兀訥温勒周	教坐着	一 44 45 二 23 44
丁撒兀中灰	坐的	六 21
阿中忽	住	一 10 二續 57
阿中忽	住的	七 33
阿中忽	住麽	九 7
阿塔剌	住間	一 7 10 14 15 20 二 13 六 13

阿禿中孩	住者	六 53
阿勒都黑三突舌兒	共住時	五 9
阿兀勒罷	住了	二續 55
孛侖	住	四 38
温只克先	住了	九 3
木勒禿勒周	脱着	一 35 四 8
木勒禿舌列周	脱着	二 15 15
木勒禿舌列古	脱落的	二 15
木勒禿魯克先	脱了的	四 8
木勒禿勒迭周	被脱着	七 34
阿勒答黑三	脱了的	二 18
阿勒答罷	脱了也	二 18
阿勒答罷	脱了	二 20
阿勒答兀勒周	教脱了着	四 42
阿勒答主為	脱了有來	九 14

客卜帖	卧着	二19 19
客卜迭恢突兒	卧的時	二4
客卜迭周	卧着	二17
客卜帖周	卧着	二18 七21 十1 1
客卜帖周	(宿)着	四3
客卜迭罷	卧了	二17
客卜帖額速	卧着呵	二17
客卜帖額速	卧呵	七16
客卜帖古你顔	卧的每自的行	七20
客卜帖兀勒周	教卧着	七20 八29 29 九43
客卜帖禿該	卧者	二續42
客卜帖額	睡着	三14
格卜田	卧	四41 一續24
格卜帖木	卧有	六46 十40
格卜帖額速	卧呵	八20

中豁那	宿	一19
中豁那黑	宿	一48 二15 50 八35 一續3
中豁那黑撒惕	宿來的	四45
中豁那黑撒惕	宿了的每	九46
中豁那黑撒惕	宿了的	二續38
中豁那黑三	宿來的	四45
中豁那黑途舌兒	宿的時	三45
中豁那勒都中渾	共宿	三28
中豁那勒都罷	共宿了	四38
豁那勒都周	共宿着	七21 九16 41
中豁那阿速	宿呵	五46 六29 八33 37 二續1
中豁那阿兀魯來	教宿來	二22
中豁那罷	宿了	二15 15 三16 四34 38 47 五29 六10 七43 二續2
中豁那周	宿着	一46 二15 28 30 五31 六11 11 八35 九47
中豁那兀侖	教宿	二17 17

迓步周	行着	一 21 37 48 三 29 38 四 34 五 25 28 六 12 七 27 27 八 21 36 九 2 10 13 34 46 十 5 一續 51 二續 35 37 40
迓步恢突(舌)兒	行的時分	一 34
迓步(中)灰突(舌)兒	行的時	二 17 三 15 15 15 五 28 六 2
迓步(中)灰突(舌)兒	行時	四 45 五 14 六 12 18 49 八 8 九 13 十 7
迓步(中)灰宜	行的行	四 9
迓步(中)灰	行	一續 26
迓步(中)灰	行的	一續 26
迓步(中)灰班	行的自的行	九 34 42
迓步(中)灰顔	行的自的行	二續 44
迓步(勒)都罷	共行了	一 18
迓步(勒)都(黑)撒(惕)塔	共行來的每	八 24
迓步(中)忽宜	行	一 9
迓步(中)忽宜	行的行	五 23
迓步(中)忽宜	行的每行	八 42

迓步黑撒惕	行來的每	二續 36
迓步黑三	行了的	四 50 十 19 19
迓步黑答中忽	可行	九 2
迓步黑答舌侖	被行時	一續 39
迓步兀勒罷	教行了	四 33 33
迓步兀勒周	行着	四 35
迓步兀勒周	教行着	二續 21
迓步兀勒中忽泥	教行每的行	九 33
迓步主為	行了有來	四 34
迓步主為	行了	一續 38
迓步主兀	行有來	五 26
迓步剌阿	行來	五 4 26
迓步舌剌	行	十 18
迓步答勒	行	九 46
迓步答勒	行動	十 21

迓步塔剌	直行了	八 38
迓步牙	行咱	二續 5
迓奔	行	四 35 二續 14
都里周	兼行着	二 33 三 33
都里額惕	兼行了	二 33 六 50
都里耶	兼行咱	三 16
都里勒都周	共兼行着	三 33
都里里格周	兼行着	六 50 一續 3
都鄰	兼行	三 14 31 32 十 28
豁(中)勒巴闌(舌)	並行	一續 29
豁(中)勒巴阿闌(舌)	並行	一續 29
豁(中)勒巴阿剌(舌)塔剌	並行	一續 30
斡羅(舌)忽(中)	入	七 5 八 18
斡羅(舌)忽(中)	入的	二續 38
斡羅(舌)忽(中)由	入去有	七 47

斡(舌)羅(中)忽魯阿	入去呵	三 20
斡(舌)羅(中)忽泥	入的每行	九 36
斡(舌)羅(中)忽(中)合(舌)兒(中)忽宜	入出的行	十 5
斡(舌)羅兀(勒)答(中)渾	入的	三 21
斡(舌)羅兀(勒)答(中)渾	教入每	九 34
斡(舌)羅兀(勒)罷	入了	三 21
斡(舌)羅兀(勒)罷	教入了	四 43 七 19 十 14
斡(舌)羅兀(勒)周	教入着	五 12 15 20 24 六 27 七 21 42 九 34 十 16 二續 4 11 35
斡(舌)羅兀(勒)周	入着	六 5
斡(舌)羅兀(勒)周	教投入着	十 15 二續 27 29
斡(舌)羅兀(勒)主兀	教入來了	八 32
斡(舌)羅兀(勒)秃(中)孩	教入者	九 32 37
斡(舌)羅兀(勒)(中)忽宜	教入的行	九 32
斡(舌)羅兀(勒)(中)忽	教投入的	十 30 30
斡(舌)羅兀魯阿(惕)	教投入了	六 20

斡舌羅兀魯阿惕	教入了	十 14
斡舌羅兀魯阿速	被入呵	八 9
斡舌羅兀魯舌侖	入時	七 19 九 31 31
斡舌羅兀魯舌侖	教入時	七 19 九 32 32 32 32 32
斡舌羅兀魯惕中渾	教入您	九 31 31
斡舌羅兀魯惕中渾	教入來您	十 41
斡舌羅兀魯黑三	投入了的	二續 34
斡舌羅兀魯黑三突兒	教入了時	九 31
斡舌羅兀侖	教入	十 18 21
斡舌羅兀魯牙	教入咱	六 5
斡舌羅黑答周	被入着	六 20 二續 3
斡舌羅黑答中灰牙察	恐入行	六 40
斡舌羅黑答埃	被入	八 34
斡舌羅黑撒惕	投入的每	八 41
斡舌羅黑撒惕	入了的每	九 38 43 二續 45

斡舌羅黑撒惕	入的每	十 2
斡舌羅黑三	投入的	八 4 46
斡舌羅勒都剌阿	入了來	五 15
斡舌羅勒都速	共入我	五 40
斡舌羅勒都舌侖	入時	九 37
斡舌羅勒都秃中孩	教入者	二續 43
斡舌羅中渾	入的每	九 46 47
斡舌羅中渾	入	一續 39
斡舌羅中渾	入的	二續 38
斡舌羅主為	入了	二 7 六 20 一續 13
斡舌羅主兀	投入了	六 24
斡舌羅主兀	投入有來	五 15
斡舌羅主兀	入了來	七 5
斡舌羅秃中孩	入者	五 21 21 九 24 41 41 41 41 48 二續 41 42
斡舌羅秃中孩	教入者	九 6 37 37 37 37 二續 43 43 43

斡(舌)羅(中)灰魯阿	入去呵	二 11
斡(舌)羅(中)灰突(舌)兒	入時	六 44
斡(舌)羅(中)灰突(舌)兒	入的時	二續 44 45
斡(舌)羅(中)灰	入的	九 41
斡(舌)羅阿(惕)	入了	二 30
斡(舌)羅阿速	入呵	八 7 7
斡(舌)羅罷	入了	四 41 41 五 13 六 15
斡(舌)羅罷	投入了	六 51 七 44
斡(舌)羅周	入着	一 3 13 二 26 三 6 13 四 43 五 4 9 19 六 40 51 七 5 20 九 12 12 13 41 46 47 十 5 14 15 35 38 39 一續 5 18 38 二續 40 41 41 41 42 56
斡(舌)羅牙	入咱	二 46 三 6 五 37 六 22 22
斡(舌)羅巴速	入呵	二 14 23
斡(舌)羅(黑)答(舌)侖	見入	四 11
斡(舌)羅(舌)侖	入時	九 32 41
斡(舌)羅梅	入有	八 21

兀訥周	上着	二 24 四 39 五 2
兀訥兀勒周	教上着	五 2
保兀罷	下了	一 43 三 10 42 42 四 16 五 32 六 21 29 43 八 4 一續 2 11 14 41 43 43 52 二續 1 21 26
保兀周	下着	二 25 39 42 47 47 49 50 三 10 10 16 25 41 42 四 38 46 46 六 20 七 18 23 24 九 5 一續 19 39 43 44 二續 9 58
保兀惕者	下也者	一續 43
保兀黑三	下來的	四 16
保兀勒都周	共下着	九 16
保兀勒禿中孩	教下者	十 5 二續 40
保兀阿速	下呵	八 39
保兀阿惕	下了	三 15 七 18 十 29 一續 14
保兀惕中渾	下營您	一續 41 41
保兀惕中渾	下您	一續 18
保兀牙	下咱	三 16 30 30 30 30 31 四 33

保兀魯惕中渾　教下營　六 37
保兀魯阿　下了來　七 25
保兀黑三　下了的　八 46
保兀黑撒惕　下的　續一 6
保兀中灰突舌兒　下的時　六 43
保温勒周　下着　二 39
保温勒周　教下着　二 47
保温　下　三 32 四 34
保兀勒主兀　落下了　六 8
巴兀塔剌　落下直到　九 47
保兀勒罷　削了　續一 40
斡惕中忽　去　六 46
斡惕中忽　去的　一 33 二 20 五 48 六 42 十 21
斡惕抽　去着　一 17 44 45 47 48 49 二 1 1 3 16 27 28 35 35 39 三 1 9 20 四 3 45 五 3 4 11 12 13 13 40 40 41 43 48 六 17 20 25 七 11 12 16 八

44 十 18 34 一續 18 18 37 37 39 二續 24

斡惕抽兀　去着　二 4

斡惕罷　去了　二 10 16 28 32 36 39 46 三 24 五 14 六 26 七 43 八 6 十 14 28 二續 1 34

斡惕出為　去了來　三 17 四 2

斡惕出為　去了　三 14 四 2 5 五 30 48 十 33

斡惕出為　去了有　八 3 10

斡惕　去　一 46 二 21 23 25 三 44 44 八 28 47

斡惕答中忽　可去　五 46

斡惕中渾　去每　九 27

斡惕中渾　去　六 17 二續 2 2

斡惕中灰突舌兒　去的時　一 33 42

斡惕中灰宜　去的行　二 14

斡惕禿中孩　去者　九 46 47

斡惕禿中孩　教去　二 1

斡惕塔周	被去着	二續 56
斡惕答罷	被去了	十 43
斡都牙	去來	一 45
斡都牙	去咱	五 6
斡都剌阿	去了	一 18
斡都剌阿	去了來	二 35 41
斡都木	去有	一 19
斡都梅	去有	一 37
斡都黑撒訥	去了的	二 25
斡都黑三	去了的	五 35 十 16 33
斡都黑三	去了	五 11 一續 15
斡都阿惕	去了	二 26 六 28 43 七 5
斡都阿速	去呵	四 22 23 五 39 六 29 49 七 16 46 八 2 十 28 35 36 37 一續 21 21
斡都舌侖	去時	四 40 42 八 47 二續 34
斡都惕中渾	去您	六 49

斡都魯阿	去了來	四 43
斡都兀只	恐去	二續 57
斡敦	去	二 29 五 46 六 31 七 6 八 3 6 九 13
斡敦巴舌剌黑三	去了了的	五 34 34 35 35
斡斡舌兒乞周	去着	四 28
斡惕塔周	去着	四 2
約舌兒赤周	去着	一 15 15 20 二 35 五 11 48 49 50 六 27 七 5 32 十 27 28 一續 39
約兒赤罷	去了	一 42 二 4 9 22 25 27 29 四 28 六 14 一續 8
約舌兒赤牙	去咱	五 49
約舌兒赤畢	去了	五 22
約舌兒赤主兀	去了有	八 3
約舌兒赤主為	去了	八 4
亦列舌侖	去	一 33 33 三 3 4 16 四 1 13 五 43 六 5 七 14 26 42
亦列舌侖	使去	三 3
亦列舌侖	使時	五 33

亦列罷　教去了　一 4 二 25 四 45 八 7 一續 1 15 37 37 37 37 41 41 43 二續 20 36
亦列罷　去了　二 38 三 4 9 16 50 四 12 13 27 28 五 33 六 34 37 40 41 46 七 14 八 1 一續 2 42
亦列周　去着　三 50 四 1 五 6 6 九 27 28 一續 39
亦列周　使去着　五 18
亦舌列周　去着　一續 2
亦列周　教去着　五 6 7 11 47 七 9 八 36 九 1 二續 3 7
亦列克先　去了的　三 4 六 48 二續 49
亦列額速　去呵　四 1 32 六 30 一續 35 36 一續 3 4 20 33
亦列額速　去了　六 20 31 一續 43
亦列額速　教去呵　九 1 十 21 一續 47 二續 49
亦列額惕　去了　五 43 六 27 七 14 25
亦列額惕　教去了　五 11 六 46
亦列兀澤　去了恐　五 4
亦列勒都主為　共教去了　六 48

中合兒中忽	出	一13
中合舌兒中忽	出去的	二續17
中合舌兒中忽魯阿	纔出呵	十40
中合舌兒中忽宜	出的行	十5 二續38
中合兒中合周	逐出着	一26
中合舌兒中合周	教出着	二續47
中合舌兒中合周	出着	五2 九36 十29 一續5 6 6 8 9 二續20 47 47 49 52
中合舌兒中合黑答速	被出者我	六34
中合舌兒中合黑答梅	被出有	十7
中合舌兒中合中渾	出的每	十7
中合舌兒中合阿速	出去呵	一續4
中合舌兒中合阿速	出呵	二續48 52 52
中合舌兒中合牙	教出去咱	三12
中合舌兒中合牙	教出咱	二續18
中合舌兒中合兀勒周	教出着	二續53 53 55

中合舌兒中合兀勒罷	教出了	二續 53 53
中合舌兒中合主兀	出了	一續 44
中合兒罷	出了	一 16 七 45
中合兒罷	出來了	二 30
中合兒周	出着	二 9
中合兒抽	出着	二 4 15 六 14 八 32
中合舌兒抽	出着	四 9 五 10 六 4 12 23 24 26 26 40 45 七 5 42 43 九 12 13 13 46 47 十 16 38 39 39 一續 13 15 37 二續 24 35
中合兒速	出我	二 15
中合兒速中孩	出來	二 30
中合兒速	出去我	二 15
中合兒巴速	出呵	二 16
中合兒恢魯阿	出去了呵	二 16
中合舌兒中灰	出的	六 21
中合舌兒出兀	出去了	五 44

中合舌兒出兀	出了	十43
中合舌兒中罕	教出	八20 22 22
中合舌兒中渾	出的每	九47
中合舌兒禿中孩	出者	十6 二續40
中合魯舌侖	出時	一13
中合舌魯舌侖	出去時	三18
中合舌魯舌侖	出時	二11 六24 十39 一續14
中合魯黑三突舌兒	出去了時	二1
中合舌魯黑三	出了的	六17
中合魯黑三	出了的	六12
中合舌魯黑三	出的	七28
中合舌魯黑三儻吉	出來的弱	七23
中合舌魯黑撒泥	出了的行	六51 八2 十30 30
中合舌魯黑撒阿舌兒	出了以來	八2
中合舌魯黑撒惕	出了的每	八3

合(中)魯(舌)黑撒的	出了的每行	續二 16
合(中)魯(舌)阿惕	出了	三 20
合(中)魯(舌)阿速	出呵	五 19 七 26 十 6 續二 40
合(中)魯(舌)勒察周	共出着	九 13
合(中)魯(舌)牙	出去咱	十 40
合(中)魯(舌)剌阿	出來來	續一 25
合(中)魯(舌)魯阿	出了來	四 43
合(中)侖(舌)	出	六 46 七 20
兀兒忽(中)忽(中)因	出的	二 29
兀兒(舌)忽(中)灰(中)	出的	八 19
兀兒(舌)忽(中)灰(中)魯阿	纔出呵	十 28
兀兒(舌)忽(中)忽(中)答	出處行	續一 46
兀兒(舌)忽(中)塔剌	直到出來	八 28 28
斡列(舌)克撒訥	出着了的	八 45
斡列(舌)周	出着	九 20

忽(中)失兀剌(舌)周	出尖着	七 36
不塔剌(舌)兀勒察周	共出着	十 24
兀秃剌(舌)周	首先出去圍着	三 43
兀秃剌(舌)兀勒答阿速	教出圍呵	六 36
都塔阿周	走着	一 36 二 14
都塔阿罷	走了	一 36 四 20
秃塔阿主兀	走了	六 48
土蹉阿主兀	走了有來	五 23
土蹉阿忽(中)	要走	五 28
土蹉阿周	走着	六 24 26 七 43
癸邏周	走着	二 5 17 46 三 15 21 四 39 41 六 12 九 13 13 14 15 15
癸邏古	走的	七 35
都兒(舌)別周	忙走着	三 15 15 15 16
都兒(舌)別坤	忙着行的	三 15
都兒(舌)別坤	忙走的	四 45

都舌兒別舌侖	忙走時	三	23
都舌兒別舌侖	因忙走時	四	39
都舌兒別兀侖	忙走	四	37
都舌兒別克薛惕	忙走了的	四	45
亦舌列古	來着	三	19
亦舌列古	來有	十	37
亦舌列古	來的麼	四	42
亦舌列古	來的	七	33
亦列古	教來的	十	34 34
亦舌列古耶	來的行	一	44
亦舌列古察黑	來的時	一	19
亦舌列恢	來的	一	17
亦舌列恢魯額	來了呵	一	35
亦舌列恢魯額	來了時	五	2
亦舌列恢突舌兒	來時	五	5

亦舌列舌灰魯額　纔來了　六 8

亦舌列克薛惕　來了的　一 18

亦舌列克薛惕　來了　二 48

亦舌列克薛惕　來了的每　三 49

亦舌列木　來有　一 19

亦舌列列速　來呵　一 20

亦舌列主為　來了　一 34 二 13 四 4 五 2 5 十 10 12 一續 52

亦舌列主兀　來了　四 3

亦舌列主為　來了有　七 7 27 28 二續 18 50 50

亦舌列主兀　來有　五 26

亦舌列主兀　來了有　七 14

亦列主兀　教來了　四 12 十 12 34 一續 18

亦舌列阿速　來了呵　一 40

亦舌列額速　來呵　四 47 五 6 9 10 11 13 14 23 39 六 11 11 14 14 17 24 24 26 30 八 36 九 28 48 一續 36 42 44 二續 1 38

33 37 37 38 四 9 21 34 43 46 49 50 五 1 7 26 34 48 48 49 六 2

15 25 29 42 51 七 7 14 八 22 36 九 12 13 14 17 27 36 十 11 13 14

15 15 38 一續 4 4 14 19 40 50 二續 3 11 13 35

亦舌列周　教來着　六 31

亦舌列埃　來了　一 48

亦舌列克薛泥　來了的行　二 23

亦舌列克薛額兒　來了　二 36

亦舌列克薛惕　來了的每　五 5 九 39 十 3

亦舌列克撒惕　來了的每　五 7

亦舌列克迭恢額徹　被來的行　四 13

亦舌列克迭罷　被來了　四 19

亦舌列克迭周　被來着　五 10 六 24 八 12 十 34 35 一續 6 8 二續 10

亦舌列克先　來了　五 9

亦列克先　教來的　七 15 八 15 15

亦舌列克先　來了的　二續 11

亦舌列克泥　來了的　一25

亦舌列禿該　來者　二1　四12　九47　十13

亦舌列禿該　教來者　六48　九32　32　33

亦舌列列額　來了　二30　45

亦列禿該　教來者　八27

亦舌列畢　來了　二45

亦舌列兀魯額惕　到來了　四32

亦舌列兀魯額惕　來了　四32　六7

亦舌列兀舌魯額惕　教來了　五5　六12

亦舌列兀魯阿惕　教來了　六45

亦舌列兀勒周　教來着　四47　五25　44　45

亦舌列兀列埃　來了來　五9

亦舌列兀侖　教來　一續1

亦舌列惕坤　教來您　八9

亦舌列惕坤　來您　五45　46　六46　一續19　二續4

亦舌列坤	來每	九15
亦舌列坤	來的每	九34
亦舌列梅	來有	七14
亦舌列勒都周	共來着	七33
亦舌列帖列	來間	九15
亦舌連	來	二26 六13
亦連	教來	二續27
亦克禿揑周	（來）	四13
阿亦速中忽	來的	一3
阿亦速中忽宜	來的行	一34
阿亦速中渾	來的每	一4 一續2
阿亦速中渾	來的	三15 七33 36 37 39
阿亦思中渾	來的	七36
阿亦速中灰宜	來的行	三16
阿亦速中灰突舌兒	來的時	一37 二15 三32 五29 六2 七31 八35

阿亦速中灰突舌兒	來時	一 37 四 13 五 2 15 六 8 9 9 9 13 18 28 一續 38 二續 10
阿亦速中灰	來的	三 16 六 2 八 35
阿亦速舌侖	來時	一 9 三 29 38 四 38 五 5 46 六 26 44 七 45 八 33 九 13 27 28
阿亦速舌侖	來的	二 37
阿亦速舌侖	來着	五 7
阿亦速剌阿	來	一 42
阿亦速魯阿	來	一 43
阿亦速剌埃	來了	五 6
阿亦速	來有	二 19 三 39 六 11 13 13 七 46
阿亦速	來	二 29 33 六 26 七 37 二續 34
阿亦速	來了	二 32 32 32
阿亦速勒察周	共來着	六 3
阿亦速魯	來有但	七 36
阿亦石	來有	二 45
阿亦石	來	三 10 四 11

阿亦石	來也	三 14 四 12 34 一續 1
阿亦孫	來	一 6 20 二 35 42 44 三 33 34 34 六 2 3
阿亦賽	來也	四 4 七 31 33 34 35 35 二續 4
阿亦塞	來也	一續 15
阿亦思忽(中)泥	來的每行	七 34
阿亦思忽(中)	來的	七 36
埃速忽(中)魯阿	來了呵	一 36
襄格連(舌)	來	四 9
竹克	往	五 27 十 38
古兒恢魯額	到了呵	一 35
古兒(舌)恢魯額	到了呵	五 47
古兒恢魯額	纔到	六 48
古兒恢	到的	一 35 六 49
古兒恢突兒	到時	二 9 24 五 3
古兒恢因	到時	五 34

古舌兒帖列	到	七27
古舌兒帖周	被到着	七26 十29 二續21
古舌兒帖古	將到	三18 19
古兒帖罷	教到了	四28
古舌魯勒扯恢	到的	七28
古舌魯勒扯古	相到的	七34
古舌魯勒扯禿該	教共到者	八10
古舌魯勒扯惕坤	教共到您	一續30
古舌魯勒纏	相到	七28
古舌魯克先	到了的	七28
古舌侖	到	三2 四1 五18 一續9 二續3
古舌侖	到着	五23
古舌侖勒徹周	相到着	三12
古舌兒別速	到呵	三11
古舌兒別	到了	八19

古舌兒出為	到有	三 11
古舌兒出為	到了	七 32
古舌兒古宜	到的行	三 14
古舌兒禿該	教到	三 30 30 30 30
古舌兒	到	四 49 九 1
古舌兒古因	到的	一續 30 二續 12
古舌魯額速	到呵	一 4 五 5 5 七 22 八 36 十 14 28 一續 8 12
古舌魯額惕	到了	一 22 48 四 37 37
古舌魯勒扯速	共到我	五 41
古舌兒格兀魯額惕	教到了	二 38 七 26 九 34
古舌兒格兀魯額惕	到了	三 14 四 32
古舌兒格兀魯額惕	到了便	三 10
古舌兒格兀魯額惕	被到了	七 31
古舌兒格兀侖	教到時	一續 37
古舌兒格兀勒罷	教到了	二續 55

古舌兒格周	到着	三 22
古舌兒格周	送到着	九 17
古舌兒格周	教到着	九 43 續一 26
古舌兒格	教到	四 20 六 28
古舌兒格罷	到了	七 46
古舌兒格罷	教到	六 28
古舌兒格罷	教到了	八 38 十 1 1
古舌兒格克薛訥	到了的	七 3
古舌兒格克薛訥禿剌	到了的上頭	十 43
古舌兒格克薛的	到了的行	七 3
古舌兒格克薛惕	到了的每	八 13
古舌兒格克先	到了的	八 13
古兒格克先	教到了的	十 1
古舌兒格克迭額速	被到呵	八 41
古舌兒格勒敦	共到的	七 4

古舌兒格古	到的	八 13
古舌兒格古	教到	九 15
古舌兒格古	到	九 15
古兒格兀侖	教送	一續 9
古舌兒格兀勒周	送着	二續 27
古舌兒格周	送着	四 31 32 一續 6
枯兒格周	送到着	二 37
古舌兒格罷	送到了	三 10
古舌兒格舌列	送來	五 48
古舌兒格額速	送到呵	七 31 一續 43 二續 5 46
古舌兒坚	教到	四 20
古舌兒坚	到	七 4 15
察亦塔剌	明到了	二 22
客亦思帖列	飛般直到	二續 5
孛勒塔剌	到了	三 6

孛勒答剌	直到	四 39
塔剌	直到	九 47
兀主兀連	直到頭	八 10
禿思抽	到着	一續 22
中合舌里兀	回	三 1 30 七 14 九 43 43 十 12 一續 28
中合舌里兀	回奉	二 40 40 三 1 2 2 2
中合舌里兀	回復	二續 46 46
中合舌里兀勒周	回着	三 2
中合舌里兀勒周	教回着	一續 6
中合里兀勒中忽宜	回的行	五 34 六 25
中合舌里兀勒禿中孩	教回者	九 44
中合舌里兀勒禿中孩	回復者	二續 46
中合舌里兀勒罷	回報了	九 11
中合舌里兀勒主為	教回去了有	十 33
中合舌里兀魯阿惕	教回了	二 38 四 5

合(中)里(舌)兀侖	回着	三 5
合(中)里(舌)罷	回了	二 37 五 5 47 48 一續 1 7 二續 3 27
合(中)里(舌)周	回着	一 35 36 二 15 15 15 20 41 45 三 3 四 16 21 五 29 六 10 28 八 4 一續 3 4 11 41 52 52 二續 26
合(中)里(舌)侖(舌)	回時	四 4
合(中)里(舌)惕渾(中)	回去您	五 3
合(中)里(舌)主為	回了	五 32
合(中)里(舌)灰(中)突兒(舌)	回時	六 42
合(中)里(舌)黑答周	被回着	一續 1
哈里(舌)兀	回	一 21
合(中)里(舌)牙	回咱	五 5
合(中)鄰(舌)	回	一 34 二 19 19 19 20 20 20 四 37 六 17 48 七 6 八 6 一續 3 43
阿只剌(舌)罷	回去了	二 49
阿只剌(舌)罷由	回了有	二 49
額薛兒(舌)古	迎	一續 15 15

額薛舌兒古	迎着	二32 51 三40 四4 32 34 五12 六8 9 9 26 七32 十38 39 一續38 二續50 50
額薛兒古揑扯	迎自	二44
額薛舌兒古列古	迎的	七42
兀黑屯	迎接	十15
兀黑敦	迎接	六27
兀黑敦	接	一續15
古舌兒堅	送	四12 34 五48 49
古舌兒堅	送到	三14 四4
許迭周	送着	一33 二37
許迭恢邊	送的自行	一33
忽迭周	送着	一續7
額兀思堅	送	二37
額兀思格罷	送將去了	二37

答巴(黑)撒的	越了的每行	八 9 9
答巴渾	越了	九 34
答巴阿速	越了呵	九 43
答班	過	五 28
答班	越着	一續 36
阿魯思	越過	四 29 七 38
阿魯思	隔越	八 8 十 44
阿魯昔	隔越	八 19
南巴里思	越過	一 35
阿巴(舌)鄰	登	七 36 37 39 42
阿巴(舌)里周	登着	七 37
阿巴(舌)里(惕)(中)渾	登您	七 39
答阿(舌)里周	經過	二 18
答阿(舌)里周	經過着	二 19 20 一續 37 二續 1
答阿里罷	經過了	三 32

抹赤吉耶惕	踏蹤着	二 26
木惕勤	踏着	六 12
中孩亦周	踏着	六 45
格惕乞罷	踏了	八 29
格赤乞列恢	踐踏	二續 30
格赤乞列兀勒主為	踐踏了	七 9
可勒格周	駕着	一 44 45
闊勒周	駕着	二 44 三 38 十 28
闊勒古	駕的	二續 54
米跌舌里周	踢着	四 23
兀訥周	騎着	一 15 二 28 28 五 50 六 12 七 33 八 35 36 二續 1
兀訥溫勒周	教騎着	二 25
兀訥溫勒罷	教騎了	二 29
兀訥罷	騎了	二 29 43 43 43 43 43 43 43 43
兀訥罷	騎了也	三 7 8

客禿勒周	渡着	一 1 五 31 六 29 七 31 一續 41 52
客禿勒罷	渡了	一 38
客禿魯額惕	渡了	三 13
客禿侖	渡的	八 7
客禿魯舌侖	渡時	八 3
客禿侖	渡	八 3 一續 20
客禿侖	渡着	一續 49 二續 16
統中忽勒都周	共重新着	三 26 27
統中渾	作新	二續 37
額客舌侖	翻覆	四 37 37
額客額舌魯牙	翻身咱	五 17
額客額舌魯克先	翻身的	五 17
額客額舌兒出為	翻了	六 8
額客額舌兒抽	翻着	六 9 9 16
額客額舌兒	翻着	六 12

迭舌列勒古古	翻旋時	六	3
忽舌兒把周	翻着	四	35
忽舌兒罷	翻了	一續	2
闊舌兒別周	翻着	一續	24
客勒別思	翻着	一續	35
脱斡舌里中灰	轉時	六	3
喜舌兒篾思	轉	七	26
喜舌兒篾思	轉盼	一續	25
兀藍	轉	七	3 3
豁舌兒赤周	轉着	一續	24
赫兒吉周	旋着	二	44
塔阿舌剌勒都禿中孩	復者	九	46
阿木舌兒里罷	安妥了	五	26
阿木中忽	安	九	2
阿木由	安有	九	9

阿木兀魯黑三	教安了的	十 1
阿木舌兒里兀勒周	安寧了着	十 30
阿木舌兒里兀侖	寧息	十 30
阿木兀勒罷	教安了	三 48 49
阿木兀勒周	教安着	四 1
阿木木者	安有也者	八 20
阿木中忽郎	安寧	二續 52
札里舌剌兀勒魯阿速	教息呵	一續 25
阿木周	歇息着	四 40
阿木速中孩	歇息我	五 36
阿木舌兒里罷	息了	十 24
阿木舌兒里兀勒答周	教寧息了着	二續 35
兀迭舌里惕抽	歇餉着	六 1
兀迭舌鄰巴兀罷	歇餉下了	六 1
勺黑撒周	歇息着	七 16

只林(舌)　略歇息　十 1

温只灰(中)突兒(舌)　休時　九 4

孛勒　做　六 36 七 2 14 14

孛勒周　做着　一 6 7 48 二 4 32 50 50 三 2 4 9 38 47 47 47 47 48 48 48 四 3 4 40 41 五 26 34 36 40 42 44 六 30 46 八 6 6 6 7 7 7 7 7 7 12 19 30 33 40 九 3 7 8 31 40 45 十 12 21 22 30 一續 5 8 8 17 32 二續 13 29 29 29 35 35 38 40 41 41

孛勒罕(中)　做　一 7 21 四 17 六 1 八 47

孛勒罷　做了　一 7 10 19 28 二 6 34 三 18 19 19 31 45 四 15 43 50 五 21 25 46 49 六 24 七 3 3 14 19 21 47 八 9 11 13 13 13 13 14 22 22 25 27 29 30 31 34 38 40 41 42 42 44 47 48 九 2 4 4 6 7 9 10 16 16 17 20 21 22 24 25 26 26 29 32 34 34 36 36 37 39 39 39 39 40 42 43 45 47 49 十 3 7 10 11 16 19 26 33 一續 12 17 21 28 40 43 二續 6 7 8 10 11 12 16 16 28 30 37 39 40 42 43 46 54 56 57

孛勒畢　做了　一 14 二 2 七 10 10 29 二續 22

孛勒中合罷	做了	一 20
孛勒中合周	做着	一 27 三 5 45 四 42 五 22 36
孛勒中合梅	做有	二 10
孛勒中合黑答阿	被做了	三 4
孛勒中合罷	教做了	一 39 三 22 23 44 50 四 1 1 26 九 36 一續 12 二續 53 53
孛勒中合周	教做着	六 11 九 11 11 30 十 19 一續 9 9 二續 12
孛勒中合牙	教做咱	三 43 七 47
孛勒中合	教做	八 41
孛勒中合禿中孩	做者	八 30
孛勒中合黑塔中渾	被做了您	十 44
孛勒中合阿惕	做了	三 39 十 44
孛勒中合中忽	教做	十 30
孛勒中合中忽	做的麽	一續 26 26
孛勒中合中忽	做的	二續 38
孛勒中合黑答魯埃	被做了來	一續 30

孛勒中合黑答由	被做有	五 48
孛勒中合兀侖	教做了	二續 15
孛勒答中忽由	被做的有	三 18 19
孛勒答周	被做着	二 32 四 34 37 五 24 29 31 六 28 七 42 48 49
孛勒答舌侖	被做時	六 29
孛勒答罷	被做了	八 19
孛勒答罷	做了	二 6
孛勒中罕	做了	二 1
孛勒中罕	做	四 9 五 43 一續 33 40
孛勒中罕	教做	一續 14 二續 12
孛勒中罕	做着	二續 34
孛勒秃中孩	做者	三 46 47 七 2 11 19 九 4 20 十 7 13 一續 6 36 二續 45 48 49
孛勒秃中孩	教做者	八 8 31 40 九 34 39 39 43 43 一續 18 二續 54 54
孛勒秃中孩	教做	三 3 5 39 四 22 22
孛勒罷	肯做了	六 35 35

孛勒罷	做了	六17 18 52 53 九6 17 一續16 24 24 24 二續56 56 56
孛勒主兀	做了有	四41 二續17
孛勒主兀	做了	三20 四35
孛勒主兀	教做了有來	六23
孛勒主為	做了有	六21 十33
孛勒主為	做了有來	八15
孛勒主為	做了	二續57
孛勒速	做	二33 六40 七11 二續23
孛勒速	做我	一續35 二續3
孛勒中忽	做	二34 七11
孛勒中忽訥	做的麽	七26
孛勒中忽納	做的每行	九31
孛勒中忽	做的	二續30
孛勒客額速	做說呵	六35 35
孛勒中灰	做的	九19

孛魯黑撒納　做了　一44

孛魯黑撒訥　做了的　一7 10 26 八46 46

孛魯黑撒阿兒　做了的依着　九35

孛魯勒察兀齋　恐做　四9

孛魯勒察中忽　共做了的　五10

孛魯勒察周　共做着　五9 六25

孛魯勒察罷　共做了　十23

孛魯惕中渾　做您　六36

孛魯惕坤　做每　六36

孛魯舌侖　做的　四25 25 五26

孛魯舌侖　做　六52 53 七1 2 3 7 20 24 31 八1 4 5 6 13 24 27 27 九9 22 40 44 45 十8 續一21 30 32 32 42 47 50 續二10 10 22 26 36 43 43

孛魯舌侖　做時　續二7

孛魯阿惕　做了　一39

孛魯周　做著　一33

孛侖　做了　一 33　二 6

孛侖　做呵　二 46　五 20　六 30　十 18

孛侖　做　三 2　2　4　五 30　34　40　六 16　19　七 5　14　九 7　12　16　24　49　十 21　27　43　一續 35　二續 57

孛侖　做的　三 19

孛侖　欲做　四 35

孛侖　做着　五 11　八 45　九 21　二續 42

孛侖　做時　七 43　八 19　一續 39

孛侖　共做　八 41

孛侖　教做　九 40

孛侖勒察侖(舌)　共做時　三 26

孛侖勒察黑撒你顔　共做了的自的行　三 25

孛侖勒察周　共做着　三 26　八 14

乞周　做着　一 15　37　三 2　六 16

乞恢突兒(舌)	做時	十 2 2
乞兀(勒)周	教做着	十 37
勤	做	一續 25
勤	曾做	十 1 2
篾迭禿該	教做者	八 42
禿兀兒必阿速	要做呵	十 18
委亦列都(惕)坤	做您	五 44
委亦列都(舌)侖	做時	八 43
委亦列都(克)先	做了的勾當	二續 55
委亦列(惕)罷	做了	八 43 一續 13
委亦列(惕)坤	做事您	九 4 4
委亦列(惕)都額速	做呵	十 38
委亦列迭徹	勾當行	六 33
委亦列	勾當	七 49 八 43 九 2 二續 55 55
委亦列思	勾當每	二續 55 57 57

速舌兒秃中孩	學者	一續45
速舌魯勒察速	共學我	九34
速舌侖	學	一續46
昂格失格周	學着	二續32
必赤周	寫着	八31 二續58
阿都兀闌	牧放	六2
阿都兀剌周	牧放着	三45 45 45
阿都兀剌罷	牧放了	三46
阿都剌秃中孩	牧放者	三47
阿都兀剌兀勒孫	教放牧的	六1
阿都兀剌兀侖	教牧放	五14
阿都兀剌阿惕	教牧放了	二續47
失舌列克迭克三	煉來的	七36
格木舌里兀舌魯額速	教怨呵	一續25
兀舌兒抽	背着	九5

歌多勒格罷	推動了	五 18 一續 13
歌多勒格恢突舌兒	教動時	四 21
歌多勒格克迭周	被推動着	四 4
歌多勒迭周	被動着	六 29
歌多勒迭額速	動了呵	六 14
歌多勒周	動着	二 44 三 11 13 32 41 五 5 14 31 31 六 1 10 29 46 七 18 27 31 43 43 一續 38 42 43 二續 9 9
歌多勒恢	動使的	二 42
歌多勒堅	教動	四 27
歌多勒坤	動每	七 43
歌多魯克薛額舌兒	動了的行	三 31
歌多魯克薛耶舌兒	動了的依着	五 31
歌多魯克薛額舌兒	動了依着	六 1
歌多魯牙	動咱	三 31
歌多魯耶惕	動了	三 41

歌多魯勒扯周	共動着	五30
歌多魯(舌)侖	動時	六1 15 18 八3
歌多魯額惕	動了	六15
闊多勒主為	動有	四36
闊多勒主為	動了有	四36 36 36 37
闊多勒格額惕	動了	四37
款迭額速	動着呵	二12 九43
款迭罷	動了	六20
款顛	動	續一37 37
款帖額速	動呵	續二45
你黑撒(中)合勒札塔剌	顫動着	二28
迭兒別魯梅	顫動有	二42
失勒古惕刊	教顫	十1
失勒只(舌)鄰	移動	十1
兀必思	但動	十2

忽中必思	但動	十 2
嫩只	不動的	一續 8　二續 2 2
脱勒乞	震動	一 37
速答勒必周	不聞口着	八 8
可脱勒周	牽引着	一 9
可脱勒周	牽着	二 15
闊脱勒周	牽着	一 37　二 28
闊脱魯額惕	牽了	七 6
闊脱勒壇	牽一匹從馬	一續 3
額勒古兀兒	釣	二 7
額勒古周	釣着	二 7
阿把	圍獵	七 15 18
阿把闌	打圍	六 18
阿把闌	圍獵行	十 7
阿把剌侖舌	圍獵時	五 37

阿把剌牙	圍獵咱	五 37
阿把剌中忽	打獵的	七 10
阿把剌周	圍獵着	七 15
阿把剌阿惕	打圍了	三 25
阿把剌阿速	圍獵呵	九 25 二續 1 11
阿把剌阿速	打圍呵	三 43
阿把剌巴速	圍獵呵	八 8
阿巴剌惕中渾	圍獵您	八 8 8
阿把剌中灰突舌兒	圍獵時	十 6
阿把剌勒敦	共圍獵	十 6
阿把剌中灰突舌兒	圍獵的時	二續 40
阿巴答察	圍獵行	八 8
豁兒中合黑三	圍住的	一 16
中豁抹舌兒抽	圍合着	七 15
不赤周	圍着	五 47 47 50 六 51

不赤耶	圍咱	六 50
不赤罷	圍了	六 50
孛莎周	圍着	八 13
中合阿周	圍着	十 34 35
額額舌連	圍	十 1
不薛勒昆	圍	七 42
脱斡舌鄰	周圍	十 40
脱斡舌鄰	繞着	十 40
木中忽舌里禿中孩	巡者	二續 37
禿速舌兒出為	傾了	四 6
禿速舌兒恢因	傾了的	四 7
禿速舌魯	傾有	四 7
禿速舌魯額惕	傾了	二 22
禿速舌兒抽	注着	二續 48
赤惕中渾	傾下的	十 1

赤惕中忽中忽	注的	四31 六19
兀乞牙兀勒周	教洗了着	七12
舌忽輪	磋	五49 50
不中忽黑三	蓋了的	二35
不中忽周	蓋着	二29
粘別額	蓋	三47
捏木舌兒列勒敦	共蓋	三47
捏木舌兒堅	教搭	八8
不舌兒古周	蓋着	八35
秃里周	蓋了着	十42
秃亦惕抽	遮着	十36
中豁舌兒埋剌周	包着	六17
兀勒格帖列	直穿了	七38 38
中康中合思	劈開	四9
答勒巴舌魯	劈開	一續29 二續38

中合中合思	劈破	二續 54 54
察卜赤周	劈着	二續 38
禿勒巴勒罷	劈破了	二續 24
客木格舌里惕	教碎了	七 10
捌列思	顺應着	一續 31
中合中合侖	撞破	九 1
帖只額罷	養了	二 5 7 四 24 五 12 14 六 27 九 11
帖只額舌侖	養時	二 5 6 九 11
帖只額畢	養了	二 6
帖只額耶	養咱	二 6 五 46
帖只耶罷	養了	三 33
帖只額舌侖	養呵	四 24
帖只額周	養着	七 33 37
帖只額克先	養了的	九 11
帖只額勒敦	養兼着	一 16

帖只額克薛惕	養的	二	6
帖只額克薛惕	養的每	二	6
帖只額克薛惕	養了的	二	6
帖只延	養來的	九	17
迭不思抽	鋪着	續一	25
哈兀惕塔剌	磨盡了	一	33
必列兀顛	磨着	二	19
忝帖勒周	磨着	九	13
那都克先	築的	續一	8
那都克先	築了的	續二	2 2
那都別	擣了	五	13
那都兀勒周	教築着	續二	57
答卜塔馬勒	築到的	續二	32
答卜塔黑三	疊到的	七	36
豁黑脫里阿惕	割斷了	二	16

豁黑脱勒	割	四 22
中豁黑脱勒周	割斷着	六 12
額惕客周	割着	四 22
揑客周	織着	續一 9
不薛列周	繫着	二 5
不薛列周	繫衣着	續一 26
不薛列周	繫腰着	續一 26
不薛列兀勒罷	教繫了	三 28 28
舌把剌勒都周	定着	五 45
舌把剌勒都周	議定着	三 44 五 37 49
舌巴剌勒都周	議定了着	續一 30
舌巴剌黑荅魯阿	定了了來	十 44
舌把剌勒都罷	共議定了	五 50
舌把剌勒都黑撒泥	商議定了的行	五 47
額耶田	商議	五 40

勺乞勒都牙	商和咱	四 19
帖别舌粼勒敦	相抱	三 15
帖别舌里周	抱着	九 16
帖别舌里古	摟抱的	一 37
斡舌羅周	從着	續一 6
斡舌羅中忽	從的	續一 5
孛魯勒察周	相從着	一 46
失馬里中合黑答舌侖	被挽時	十 40
塔塔周	做妾着	一 25
土别周	配着	三 20
中合中合察黑三	離了的	二 40 三 2
中合中合察黑三	分離了的	八 46
中合中合察黑撒泥	分離了的行	八 45
中合中合察兀勒罷	教離了	四 1
中合中合察兀勒罷	教分離了	六 34

中合中合察兀勒周	教分離着	三43 八30
中合中合察兀侖	教離了	四1
中合中合察周	分離着	一7 三34 34 41 四6 六10
中合中合察周	離着	二36 四6 五33 八44
中合中合察中忽由	分離的麼	六33
中合中合察中忽	離的	六12
中合中合察罷	分離了	六22 33 七42
中合中合察罷	離了	九8
中合中合察中渾	分離每的	三37
中合中合察中渾	相離	六11
中合中合察中灰	相離	七28
中合中合察恢	離的	七26
中合中合潺	分離	三31 六10 八3 14 17 45
中合中合潺	離着	四36 七42
中合中合孱	分離着	三41 41

中合中合思	分離	六 15 十 7 7
中合中合思	分開	二續 40 41 41 41
中合中合思	分明	十 24
中合中合勒答周	分着	八 17
中忽必牙周	分着	七 1 4 十 22 一續 45 二續 48
中忽必牙勒都周	共分着	四 16 一續 44 45 二續 8
中忽必牙勒都舌侖	分時	一 14
中忽必牙勒都牙	分咱	五 19
中忽必牙勒都惕	共分	五 17
中忽必牙兀勒罷	教共分了	八 5
中忽必剌勒都周	分	八 29
中忽必剌周	分着	八 30
中忽必剌黑撒泥	分了的行	八 31
赤舌里扯兀勒周	分着	八 30
古必牙勒都牙	咱每分咱	二 33

撒勒中合牙	分咱	一續 30
撒勒中合勒都牙	教分咱	一續 30
撒勒中忽	分的	一續 30
阿勒中合撒兀勒	教分了	六 40
撒魯勒察中灰	分離的	二續 29
阿勒只中牙忽牙察	離了的行	四 41
阿勒中合撒勒都中渾	分離	八 9
希舌離者古	分離	六 33
希舌離徹罷	分離了	六 33
希舌里扯兀勒周	分離着	三 44
赫亦魯額速	離了呵	四 22
赫亦魯克薛惕	離了的每	五 5
孔客温勒周	離遠着	二 50
孔客禿該	教離的遠者	六 51 52
昂吉赤舌剌罷	分離了	六 22

抹薛勒都坤	分離	八 9
塔兀勒周	分付着	九 46 47
答兀勒周	分付着	九 47
討兀勒罷	分付了	二續 14 14
中合答勒周	分析着	一續 46
也兀惕格恢	交代	一續 4
也兀惕客勒都恢突兒舌	交班時	二續 45
也兀惕格勒都周	替換着	七 21
也兀惕格周	交換着	九 47
也兀惕客周	換着	八 37
也兀惕客勒都秃該	交換者	九 41
也兀惕客勒都侖舌	交換時	九 47
莎勒賓	交	四 27
阿闌舌勒只周	相換着	三 26
阿剌舌勒真	相換	五 38

札舌魯禿中孩	使喚者	六 52
札舌魯周	使着	一 10
阿舌兒	依着	六 35 47 一續 1 二續 14 37 37
牙舌兒	依着	四 3 六 26 十 18 一續 12 12 18 二續 14 37 53
牙舌兒	領着	六 9 19
亦牙舌兒	依着	八 4
額舌兒	依着	二續 18
額帖的耶舌兒	依着	六 18 18
乞真	缘着	七 32
乞古舌里周	缘着	六 45
禿舌魯黑	倚仗	五 42 44 六 37 九 26
亦帖堅	倚附	四 39
亦惕客勒	倚仗	四 47
亦帖格勒田	中倚附的	五 5
亦帖格主兀	倚仗着	五 40

察阿答	靠着	二續 40 42
把里(舌)勒都阿	相挨	四 28
迭兒格扯周	傍著	一 37 37
塔勒必黑撒惕	留下的	二續 15
塔勒必魯阿	留下了	二續 19
忽列迭罷	留了	二續 34
木赤勒者周	哂着	一續 28
雪余額(舌)兒	教訓	一 14 二續 34
雪余額(舌)兒	教誨	一續 46
雪余額惕	教導了	二續 44
雪余惕者	教導也者	二續 45
雪余禿該	教導者	二續 44
速(舌)兒(中)合(中)忽	教的	五 4
速兒(中)罕雪因	教訓	五 4
速(舌)兒(中)合阿速	教訓呵	五 4

速亦禿該	教導者	九 42 42
速余禿該	教導者	二續 44
莎余額惕	教導了	九 42
保里牙	教訓	一續 29
阿勒只阿思	差了	八 19
阿勒只阿思	差每	二續 56 56 57
額你迭惕坤	差了您	一續 33
額克迭古	差的	八 13 13
阿不舌剌	救	二 22
阿不舌剌主為	救了有	二 23
阿不舌剌周	救着	三 1 2 五 13 33 34 34 34 35 六 24 25 25 31 31
阿不舌剌牙	救咱	三 5 5 五 4
阿不舌剌黑三	救了的	三 16
阿不舌剌禿中孩	教救	四 46
阿不舌剌主兀	救着也	五 35

阿不舌剌阿惕	救了	五 34 六 31
阿不剌黑三	救了	九 14
阿舌里赤	救護	三 27
額舌鄰	尋	一 18 二 21 22 23 25 36 六 16 45
中合亦巴速	尋他蹤呵	一 38
別迭舌列罷	排尋了	二 18
別迭列額惕	排尋了	二 20 20
別迭舌列耶	排尋咱	二 19 19 20
別迭舌列周	排尋着	二 19 20
中合答侖	根尋着	二 12
中合答侖	尋	十 29
額舌里古	尋的	三 16
額舌里舌侖	尋時	六 16
額舌里周	尋着	三 21 四 39 40 八 7
額舌里兀勒古	教尋	六 22 23

古里徹罷	等了	二 10
古里纏	等候	續一 43
舌斡魯納	替代行	續二 23
脱列惕	替頭	續二 47
舌鎖里惕中渾	試您	一 33
舌莎里	試	十 19
舌莎里阿速	試呵	七 48
舌莎里勒都牙	共試咱	十 38 39
舌莎里牙	試咱	續一 1
莎必剌周	試着	續二 3
舌莎里速	試我	三 47 47
喜魯中合惕罷	惹了	六 16
喜魯中合惕中忽由	惹的	六 16
中合勒	惹	四 49 九 1
中合勒中忽	惹	三 18

兀里思抽	惹帶着	二續 35
斡莎勒答速中孩	怠慢了	三 45
斡莎勒答中渾	怠慢了	一續 31
速勒別舌兒歸	怠慢	七 29
委亦當中合	好怠慢	六 37
朵舌兒篾該	下等	二續 31 32
朵舌羅木真	下等	七 10
多舌羅木只阿察	下等處	七 34
多舌羅木只阿察	下等每行	七 35
朵舌藍只剌黑答中忽	下覷	一 46
朵舌藍只剌周	下覷着	一 7 五 46
多舌藍只蘭	下覷着	五 39
多舌來亦塔兀勒周	屈下着	七 1
多舌來答兀勒周	屈下了着	七 3
朵舌羅亦惕答兀勒周	教屈下着	一續 44

朶舌羅亦塔兀魯黑 三突舌兒	教屈下了時	一續 45
脱舌里惕抽	止着	七 23 23
脱舌里惕格侖舌	止時	七 46
脱舌里惕格主為	止住了有	七 46 46
脱舌里惕格額速	教止呵	四 38
脱迭額周	止當着	七 47 二續 35
亦惕合中渾中	止當的	五 49
亦惕合中周	當着	十 2
亦惕合中周	止當着	八 38
亦惕合中禿孩中	阻當者	九 35 36
亦惕罕中	止當	二 15 15 十 43
者惕坤	止當	一續 12
者惕古克迭周	當着	七 45
者惕古克迭周	被止當着	一續 11

者惕古周	阻當着	一續 20
者惕古周	當着	二續 57
答阿周	當着	一續 12
孛斡周	阻着	十 18
亦列	當面	八 22
脱舌兒答由	被礙有	七 38
阿勒札中忽	礙事	四 9 二續 20
阿勒札兀齋	恐勞	六 17
篾迭	管	九 9
篾迭兀勒古	教管麽	五 43 43
篾迭兀勒坤	教管	六 39 十 37 37 37 一續 22
篾迭兀勒罷	教管了	九 29 29
篾迭兀勒	教管	一續 32 33 33 33
篾迭兀魯額速	教管呵	三 39
篾迭兀舌侖	教管	一續 50 51 51

篾迭禿該	教管者	八 38 40 九 28 29 38 38 38 38 39 39 39 二續 40 42
篾迭古	管	五 36
篾迭古	管的	七 28 九 7 十 7
篾迭古迭徹	管的行	一續 40
篾迭周	管着	八 41 48 九 22 36 39 41 41 41 41 十 18
篾迭坤	管的每	二續 16 16
篾迭兀勒周	教管着	一續 12 33
篾迭額惕	管了	二續 43
篾顛阿巴	管有來	一 32 32
篾顛	管	六 35 35 36 二續 43 43
把撒阿剌速中孩	管攝	三 46
中合答中合剌兀勒答周	被教管着	十 7
阿撒舌剌禿中孩	教管者	二續 39
伯亦溫勒舌渾	教停住	一 11
中忽舌剌周	聚着	一 39

中忽舌里周	聚着	二 18 八 24 十 33 二續 14 58
中忽舌剌勒突舌兒	聚會裏	三 12
中忽舌里周	聚會着	五 36
中忽舌里中灰突舌兒	聚時	十 33
中忽舌里中渾	聚每	十 33
中忽舌剌兀勒周	聚着	一續 9
中忽舌鄰勒塔	聚會	二續 58
中忽舌剌阿速	聚呵	二續 2
赤温勒周	聚着	二 20
赤兀勒中合周	教聚着	四 12 九 22 29
赤兀勒周	聚着	四 31
赤兀魯黑撒惕	聚會的	五 25
赤兀勒中合速中孩	教完聚我	九 9
赤兀勒中合周	教完聚着	九 9
赤兀勒答周	被聚着	十 35

赤兀魯阿速	聚呵	二續 47 48
塔泥周	認着	一 20
塔你周	認着	三 15 15 15 七 9
塔你黑答中忽	認的	五 26
塔紉	認	七 5
塔紉	認得	一 48
塔紉勒都周	相認着	三 12
塔你黑答中渾	認的每	八 9 9
塔你兀魯阿速	教認呵	一續 29
古舌列周	請着	二 2
斡克里格	支請	八 34
斡克里格	賞	二續 48
答中合周	隨着	一 20 二 48 六 52
答中合温勒周	隨着	二 50
答中合兀勒周	教隨着	九 32 32 33 二續 8

兀答阿剌勒都罷	隨即赶了	一 35
兀答阿闌舌	隨即	六 46 46 十 28
兀答阿剌舌勒敦	共隨即	九 13
兀答阿剌舌灰中阿察	隨後的行	續一 22
答魯舌察周	相隨着	續一 2
答魯舌察周	緊隨着	三 15
答魯舌察	隨即	二 46
札兒舌忽中	斷事	八 30 31 十 8 8
札兒舌忽中剌黑撒泥	斷了的行	八 31
札兒舌忽中剌禿孩中	教斷者	五 21
那牙剌忽中	斷	續二 33 33
阿勒答勒壇	斷没	續二 54 54
札撒	整治	六 4 4 4 6
札撒侖舌	整治時	七 32 十 19
札撒兀勒忽中	教整治	七 29

札撒兀勒罷	教整治了	七 32 32
札撒兀勒周	教整治着	十 19 二續 53
札撒兀魯惕中渾	教整治您	二續 8
札撒勒敦	共整治	六 6
札撒勒都周	相整治着	二 7
札撒勒都周	共整治着	六 29
札撒勒都周	整治着	八 8
札撒勒都罷	整治了	六 5
札撒阿惕	整治了	三 12 五 21
札撒阿惕	整治	四 8
札撒禿中孩	整治者	五 21 十 5 二續 38 41 41 41 41
札撒周	整治着	二 25 25 35 三 12 四 37 37 五 29 29 34 六 8 11 25 28 30 八 2 九 33 33 41 41 41 41 十 18 一續 4 12 二續 43 43 43 43
札撒周	整捌着	四 11
札撒罷	整治了	二 43

札撒黑剌勒都罷	共整治了	五	17
札三	整治	四	8
只卜失額舌侖	整治	續一	20
只卜失額兒抽	整捌着	六	14
只卜失額舌兒抽	整捌着	七	27
只卜失耶魯勒纏	相整捌	四	49
只卜失耶舌侖巴舌剌周	整治了着	八	24
多牙速	整治	三	46
折失古	欲圖的	三	31
主速舌里惕抽	諂佞着	五	31
主速舌里敦	諂佞	六	38
斡纏篾勒氈	不服	續一	44
哈黑荅舌侖	被疑的	六	13
失勒塔周	推辭着	五	46
申勒塔黑荅中忽	推辭	七	15

答勒答	遮護	八46
答勒答答	遮護行	二續35
中合勒中合剌黑答罷	被遮護了	二51
捏木舌剌	遮護	八44
捏木舌列帖	遮護裏	一續9
捏木舌列田	遮蔽的	六17
格舌里思格列勒敦	共遮護	三47
豁亦馬思抽	護着	四8
亦協耶勒	護助	八33
亦協額克迭額速	被護助呵	六36
亦協額克迭周	被護助着	七3 八29 二續4
亦協額克迭梅	被護助有	八11
亦協額罷	護助了	四40
亦協周	護助着	八20
亦赫額勒	護助	五34 六25

亦赫額克迭額速	被護助呵	三 49
翊協額克迭額速	被護助呵	續一 36
馬里安	侍奉	八 34
塔乞周	侍奉着	九 20
豁舌里剌勒都周	相禁約着	一 6
客薛惕坤	戒您	一 33
客薛額周	懲戒着	八 30
客薛額克迭古	可懲戒的	續二 45
阿勒答勒	罰	九 6 17
阿勒答禿中孩	罰者	八 29 38 九 17
阿勒答兀勒答中渾	可罰的	八 30
阿勒答兀勒	教罰	八 30
阿勒答勒壇	罰有的	八 31
阿勒答阿速	罰呵	九 6 17
阿勒答勒壇	罰每有每	九 34

阿勒答勒壇	罰每	九 42 43
阿勒答勒壇	罰有的每	十 7
阿勒答勒突兒(舌)	罰裏	八 29 38 九 24
完只禿孩(中)	罰者	續二 45
豁(中)都剌忽(中)宜	罰的	三 12

元祕史音譯類纂二七　雜動類

迭卜帖舌兒列周	造册着	八 31
迭卜帖舌兒列克薛泥	造册來行	八 31
巴亦塔剌	積般	一續 13
巴亦塔剌	堆般	一續 2
擺亦塔剌	堆般直到	二續 20
兀舌魯惕格罷	教廢了	三 23
把舌剌罷	廢盡了	二 12
把舌剌黑三	廢盡的	五 19
巴舌剌黑三	廢了的	二續 8
八舌剌黑撒惕	廢盡了的	二 11
格亦思格坤	廢了	四 48
㲧失牙罷	廢耗了	五 21

額失主兀	廢耗有來	五	20
額失主兀	廢耗了	五	20
中豁舌魯阿周	廢了着	七	4
中豁舌兒中豁木撒	費耗	十	5
舌豁舌羅中渾塔	費的您	六	35
客亦思干	刮	二	25
客亦思周	刮着	一	19
客亦思帖列	刮般	三	21
客亦思堅	（刮）	五	1
客亦速木薛兒	不曾刮	一	37
兀舌魯思中罕	流着	二	17
出不舌里兀勒周	流着	六	13 14 14
出不舌里兀勒周	流出着	六	34
出不舌里兀勒周	教溜着	四	9
出不舌里兀侖	教漏	八	37

兀納主兀	倒了	二15
兀納主兀	倒了有	六9　八2
兀納黑答周	被倒着	六9
兀納黑三	倒了的	二16　六9　一續23
兀納塔剌	倒了	六16
兀納塔剌	倒	六12
兀納阿速	倒了呵	九16　二續1
兀納中合周	倒着	四27
兀納中合周	砍倒着	七35
兀納周	倒着	四27
兀納中忽	倒的	四28
兀納勒都周	共倒着	七43
捏古思	倒	十36
捏古思	傾	一續21
禿勒巴思	倒	一續21

禿勒八思	倒	十 37
中忽剌都阿惕	倒了	四 35
門答	顛倒	五 5
不赤兀迭兀勒速	不教倒了	三 46
不帖兀舌列兀勒速	不教壞了	三 46
唵不舌魯	塌了	三 6 13
中含撒周	併着	四 15 七 14
中含撒周	合併着	續二 35
中含三	併	四 13
中含三	逼併	四 19
中含撒牙	併咱	四 12 12 12 13
僧帖勒罷	開豁了	四 43
僧帖舌列周	開豁着	五 4
揑客克薛訥	開的	六 53
揑格克迭罷	被開了	八 43

捏額克先訥	開了的	九 20
捏額周	開着	十 43 二續 21
捏古温勒	教開	二 41
只速周	剺開着	七 4
迭勒堅	展開	七 23 24
阿勒答罷	開了	八 43
兀都里惕抽	引着	一 45
兀都舌里惕抽	引着	一 20 34 37 44 二 13 41 十 14
兀都舌里敦	引着	十 16
兀都周	引誘着	七 27 一續 1
兀都周	誘引着	八 45
斡舌兒乞惕抽	引證着	一續 46
斡兒乞敦	引證着	二 12
不帖額周	完備着	四 20 二續 12
也兀惕客坤	更改的	八 31

孛魯梅	肯有	八 21
孛魯由	肯有	八 22
孛勒中渾	肯的	九 34
孛侖	肯	四 10 六 19 十 39 續一 5
你阿周	粘着	三 26
額舌兒別格勒折兀勒周	張形勢着	十 19
中忽赤温勒周	繞着	二 48
中忽赤兀勒中灰突兒	繞了時	三 17
中忽赤兀勒中灰突舌兒	教繞時	四 43
中忽赤兀勒周	教繞着	八 10
中忽赤兀勒中灰突舌兒	教繞時	八 37
中忽赤勒都罷	共繞了	八 37
中忽赤勒都周	裹着	一 36
中忽赤里思	裹過	一 35
中忽赤勒都黑撒惕	相圍繞了的	三 21

中豁舌兒赤周	繞着	三 38
不勒只阿速	繞了呵	四 22
脫斡舌里中合周	繞着	七 34
脫斡舌里中罕	繞着	七 35
中忽牙周	結着	二 7
掌吉邊	結了的自的行	三 50
答勒周	解着	十 29
塔魯惕中渾	解了您	三 50
忽答舌魯阿速	解拆呵	十 44 44
額額迭兀勒周	解了着	一續 24
莎斡舌剌周	解釋着	一續 47
孛克連	塞着	二 15 16
孛克列克先	塞了的	四 38 39 41 六 14 九 16
孛克列周	塞着	一續 12
孛莎周	塞着	十 40

不帖帖列	塞滿	七 25 一續 1
只卜失額侖舌勒塵	共整搠	四 35
帖額周	載着	二 46 46 三 39
別列都克先	準備了的	十 39
別列惕抽	準備着	十 38
兀木不	陷	二 48
納木兒舌罕中	陷泥	四 41
阿勒答罷	墮了	十 37
阿勒答阿惕	墮了	十 27 36 40
忽中刺惕抽	墜着	七 43
只兀刺舌周	調着	四 40
速兒舌合中周	調着	一續 9
保里牙突兒舌	調習裏	一續 46
只魯阿都里舌顏	調度裏自的行	九 31
答魯舌合中刺周	提調着	十 5

答舌魯中合剌黑答黑撒惕	提調的每	十 5
答舌魯中合剌黑撒惕	提調的每	十 5
答舌魯中合剌禿中孩	提調者	十 4　二續 39
中忽兀舌兒答兀勒周	教彈着	七 9
答舌侖	壓	二 11　四 27
答舌魯中忽	壓住	四 27
答舌魯察周	相壓着	七 43
答舌魯黑答罷	被壓了	八 20
答舌魯周	壓着	九 1 47　十 43　二續 42
中豁黑脱勒周	割斷着	七 9 9　八 3　一續 23
豁黑脱勒周	斷着	四 5
豁黑脱臣	斷着	十 19
豁黑脱舌魯	横斷	四 49
豁黑脱舌里中罕	横斷	六 49
中忽中忽	折	四 49

中忽中忽舌魯	斷	四 3
中忽中忽魯舌剌	割折	五 3
中忽中忽勒周	折折着	四 27 十 39
中忽中忽勒周	折挫着	二續 34
中忽中忽勒周	折着	一 10
中忽中忽魯惕中渾	折折您	一 11 12
中忽中忽勒周	折斷着	十 40
中忽中忽舌魯	折斷	二 13
中忽中忽舌魯	折着	三 6 13
中忽中忽舌魯	折	四 10 28
中忽中忽勒答中渾	被折折	一 14
中忽中忽勒答周	被折折着	四 29
中忽中忽舌剌黑答周	被折着	二 46
中忽中忽舌剌周	折着	三 38
中忽中忽舌剌周	折了着	四 28 八 44

中忽中忽舌剌阿速	折了呵	六 23 23
中忽中忽赤周	各折折着	一 11
中忽中忽侖	折折	一 12
中忽中忽思	折	二 46
塔速勒周	斷着	四 22
塔速舌剌黑答周	被斷着	五 28
塔速勒禿中孩	斷了者	八 47
塔速魯黑撒惕	斷的每	十 29
塔速勒丹	教斷	續一 20
塔速勒答周	被斷着	續一 35
汪札勒答周	被斷絶着	八 44
你禿侖	斷絶	九 1
輕古勒罷	横斷了	續二 24
輕古舌里惕坤	截斷您每	三 46
輕古思	横斷	三 6

輕古(舌)魯	横斷	一續 29
客兀思	横斷	四 31
客禿思	横越着	一續 31
客禿格(勒)壇	横越	九 47
額(勒)先	歸附	十 15 一續 5 6 6 8 11 11 18
額(勒)薛兀(勒)周	教歸附着	一續 10 10 11 11 18 19 二續 27
額(勒)薛額速	歸附呵	一續 18
額(勒)薛(克)迭周	被歸附着	一續 18
額(勒)薛兀(勒)主兀	教歸附了	二續 26
失兒(中)忽阿速	鑚呵	二 48
失兒(中)忽周	鑚着	二 14
石兒(中)窟速	鑚入	三 18 19
石兒(舌中)窟主兀	鑚入了	三 21
石兒(中)忽(勒)答罷	教鑚了	六 24
弩客列周	鑚眼兒着	三 26

失(舌)兒(中)忽兀勒答周	共攢着	五 9
掤乞周	鑿着	八 7
必秃温周	輪着	一 12
必秃兀侖	徇着	二 17
必秃温勒周	教徇着	二 21
木(中)忽惕(中)合罷	窮絶了	五 28 十 30 二續 55
木(中)忽惕(中)合周	窮絶	二續 12
木(中)忽惕(中)合周	窮極着	七 43 43
木(中)忽惕(中)合周	窮絶着	二續 25
抹(中)忽惕(中)合周	窮極着	六 28
木(中)忽惕(中)合周	教窮極着	八 44
木忽惕(中)合周	教窮絶了着	十 11 11
木(中)忽惕(中)合主為	教窮絶了	八 4
木(中)忽惕(中)罕巴(舌)剌阿速	教窮極了呵	八 12
巴(舌)剌埃	了	八 7

巴舌剌罷	了	四 39
巴舌剌罷	了了	五 13 九 13
巴舌剌黑答罷	被了	一續 13
巴舌剌黑撒惕	了了的	四 12 12 13
巴舌剌黑撒惕	了了的每	四 19 九 12
巴舌剌黑撒泥	了的行	八 45
巴舌剌黑三	了了的	五 34 34 35 35 六 16 31
巴舌剌周	了了着	七 18 21 八 17 32 一續 40 50 二續 15
巴舌剌周	了着	二 6 21 六 23 八 3 十 30 一續 11
巴舌剌阿速	了呵	四 45 48 五 3 4 七 26 26 九 15 46 十 21
巴舌剌阿速	了了呵	七 28 八 7 8
巴舌剌魯阿	了了來	八 39
巴舌剌答剌	了間	五 21
巴舌剌勒都黑撒泥	了了的行	五 21
把舌剌周	了着	三 5

委格帖列	勾了	七 4
土格帖列	儘勾	二 34
答阿(中)灰阿察	儘力	一續 7
答阿(中)灰阿察	儘力拿的行	一續 6
篾迭帖列	教儘着	二續 7
答(舌)兒巴安	招	九 17
阿勒只阿思	差	八 29
亦(舌)剌答	下水	二 5
額客温勒周	曲着	二 7
(中)忽答勒都周	買着	六 44
兀惕(中)忽周	汲着	七 7
闊亦惕抽	謀起着	八 22
阿(舌)兒赤阿惕	拭了	十 38
阿(舌)兒臣	抹	一續 46
札勒(中)合黑三	接了的	三 23

巴舌鄰勒都兀勒禿中孩	教接者	二續 50
巴舌鄰勒都兀勒速中孩	相接我	二續 50
主卜赤牙	接咱	二續 30
主卜赤周	續着	六 41
主卜赤克先	安來的	九 4 4
亦中忽舌里中合勒敦	相挪攢	四 35 49
亦中忽舌里周	挪着	七 34
札亦剌周	挪着	七 20
捌中豁里兀勒周	推倒着	三 24
禿舌里周	推着	二續 30
禿舌里周	推動着	四 11 12
額舌里兀勒周	教掘着	二續 48 55
兀中忽周	剜着	二 6
哈惕中渾	握着	一 40 二 11
篾格只連	扼着	四 27

撒純	揚着	三 38 38
答舌兒巴勒札中灰	搖閃	三 5
登薛勒堅	搖動	六 17
拙額兀勒古耶	教搬運的行	二續 55
必里周	摩着	一 13
必里周	揣摩着	二續 23
答阿舌里周	撞着	三 6 6 13
、答阿舌鄰	撞	三 13
額舌兒估周	擡着	三 38
額兒古周	擡着	四 23
額舌兒古罷	擡了	四 31
額舌兒古額惕	擡了	四 31 九 20
額舌兒古耶	擡着	四 31
額兒古克薛惕	擡了的每	四 36
額舌兒古周	擡着來	四 40

額舌兒古兀勒周	教擡起着	一續 26
兀兀舌兒抽	擡着	二續 2
阿撒舌剌中忽	擡舉	四 42
阿撒舌剌木	擡舉有	五 22
阿撒舌剌中忽	擡舉的	六 7 40
阿撒舌剌牙	擡舉咱	六 16
阿撒舌剌惕中渾	擡舉你每	六 17
阿撒舌剌周	擡舉着	七 10 九 11
阿撒剌兀勒周	教擡舉着	九 23
阿撒舌剌惕中渾	擡舉您	十 3
阿撒舌剌罷	擡舉了	一 16 四 17
阿撒舌剌中忽宜	擡舉的行	二續 24
中忽惕中忽剌中忽	攬的	一 28
出黑中台	束的	一 12
出剌周	束着	一 12

出察勒周	卸了着	二 23
中合卜赤周	夾着	九 13
含帖勒罷	教闕了	三 23
土卜失惕客罷	教平了	八 18
亦列	露着	二 17
你兀罷	藏了	二 24
你兀周	藏着	四 50 九 23
你温	藏	九 19
你兀速	要藏	二 44
中合卜赤中渾	藏匿每	九 4
中合卜臣	匿	九 19
額舌里格列周	掛着	二 51
薛額只格列周	掛着	二 51
額木思罷	穿了也	三 7 8
額木思恢突舌兒	穿時	七 6

額木思抽	穿着	七 37 九 20
額木速克先	穿了的	九 48 二續 39
額木思格周	教穿着	五 13
額木思格克迭額速	被穿了呵	三 1
中忽都舌兒中合剌兀勒	教套	八 8
脫中忽兀勒	教韝	二 41
中合失禿中孩	毿者	二續 48

元祕史音譯類纂二一八 虛詞類

渾的 一 30 四 29 五 2 25 28 六 28

温的 四 15 七 44 一續 6

孫的 四 30 30 31

因的 一 1 2 2 2 9 23 23 23 24 25 27 27 27 29 29 29 30 30 31 32 38 38 二 21 22 24 39 46 三 1 6 9 10 12 13 17 17 20 28 29 30 34 34 38 41 41 四 2 2 2 2 4 5 7 13 19 30 31 32 34 34 34 36 40 47 五 13 20 21 27 27 30 31 32 36 六 1 19 19 19 25 27 29 30 35 37 50 七 10 15 18 18 19 48 八 1 1 1 2 3 6 6 9 9 13 31 39 45 45 46 47 九 14 16 16 16 17 21 26 36 36 38 38 38 39 39 十 9 9 9 9 9 11 16 16 19 19 19 28 34 35 38 38 41 43 一續 1 15 16 21 22 22 23 32 33 33 37 37 52 二續 1 11 11 16 17 31 41 41 41 41 43

塔的 十 39

訥的
一 1 1 1 2 2 2 4 5 5 6 6 6 6 9 11 23 23 24 26 26 27 28
29 30 30 31 31 32 39 39 40 40 46 48 48 二 1 6 6 6 27 27 27 33
34 36 37 41 46 47 三 10 10 10 11 15 15 15 25 26 26 26 28 32 34 35
36 38 41 41 41 43 43 43 四 4 4 5 6 6 8 10 10 12 13 18 18 19
21 24 30 30 30 34 36 37 42 五 1 11 11 11 12 22 25 28 29 30 32 32
32 47 50 50 六 5 5 5 5 5 8 8 8 20 22 25 27 27 28 30 38 45
46 47 49 49 51 52 七 2 5 22 22 23 23 24 24 24 28 八 2 3 41 41
九 2 8 26 十 11 36 37 38 一續 2 4 33 二續 58

泥的
三 28

門的
五 32 36 六 9 29 七 6 八 43

的的
六 20

敦的
一 26 34 二 3 5 三 4 16 17 17 32 32 35 四 5 15 24 24 24 30 30 30
30 30 34 34 36 36 36 37 47 五 1 9 11 11 11 13 14 14 14 32 六 5
26 26 26 30 37 44 七 45 45 八 1 2 3 3 45 九 23 24 24 26 十 11
14 14 14 15 15 15 一續 1 2 2 4 4 19

昆	的	一 27 十 19 19 一續 37 37 40
舌侖	的	一 1 25 25 26 28 28 31 31 31 39 40 40 41 二 1 三 18 33 35 35 四 3 10 12 13 16 19 21 24 30 30 五 13 14 22 28 六 1 1 2 2 8 14 26 35 48 48 50 51 52 52 52 52 53 53 七 5 5 八 3 39 九 14 16 十 21 28 29 二續 41 58
盾	的	八 2
巴兒	教	一 19 二 6 34
牙兒	教	二 6 六 45 十 35 35 35
阿兒	教	二 6 九 25
你耶兒	教	十 12
魯額	呵	一 35 四 27
赤	呵	二 45
孛額速	呵	七 9
不舌侖	呵	二 29 三 7 七 42
孛侖	呵	五 28

元祕史音譯類纂　音譯索引

丁撒 六五三
東昌 三一九
董合 三三六
董豁 五二八 五二九
都兒 六四六 六八三 六八四
都剌 一三八 三九〇 四六七 五一二
五一三
都闌 一三八
都里 一六四 五五一 六六五
都列 五八二
都鄰 六六五
都魯 一六四 六七〇 七〇二
都塔 三三六 三三七 四一三 四一四
五八一 五八九 五九〇 六八三
都蛙 二七四

都兀 六二 四六八 五八八
都牙 五一七
都亦 三一九
堆亦 二〇四
敦 七七八
敦答 一三七 五三八
盾 七七九
多歹 二七四
多兒 五八二
多豁 二七四
多來 七四二
多籃 七四二
多羅 七四二
多乞 四〇四 五〇二
多禿 四四一

〔作於一九三三至一九三四年，爲未定稿。原稿以葉德輝刻本爲底本，編者據援庵的元祕史校記作了相應的改正，並對全書分類及編次作了部分調整。爲便讀者使用，編者編製了旁譯目録及音譯索引，音譯索引取首二字，不計旁注及下注音符。〕

陳垣全集之二十

元祕史校記

安徽大學出版社

元祕史校記卷一

頁	行	正文	校記
一	四	合(中)罕訥	合漏中
	八	客禿(勒)周	線不全
	十	沐(舌)漣訥	線不全
		不峏罕合(中)(勒)敦	合(中)誤哈
	十一	生了的	了誤子
	二十	阿兀站孛(舌)羅兀侖	兀旁中衍
二	六	阿兀站孛(舌)羅温	大庫抄本温旁有丁字
	十一	妻有的	有的缺
三	二	篾兒干	葉刻干誤千
	六	都蛙鎖(中)豁兒	豁漏中
	十六	迭額(舌)列扯	線誤

四　八　中合舌剌兀台
線誤合漏中剌漏舌
九　有呵
誤有來
十八　兀年
一逗
五　六　孛捋克
捋旁舌衍
八　那顏
葉線誤
十　中豁舌里禿馬敦
豁漏中里漏舌
十二　阿舌里黑兀孫納
葉刻納誤訥
中豁舌里剌兒台

豁漏中里漏舌
巴兒中忽真中豁阿
忽豁均漏中
十四　脱舌列克先
漏克字
捏舌列台
列漏舌
十五　中豁舌里剌兒台
豁漏中
六　四　中豁舌里剌勒都周
線誤分豁漏中
卯兀剌勒都周
線誤分
六　不峏罕中合勒敦
中合誤哈

十三 生了的
漏的字
十四 脱舌列克先
漏克字
中忽余周
線誤

七
十二 孛魯黑撒訥
漏黑字
十四 阿巴中合余安
線誤
十八 朶兒邊
旁缺四字 下同

八
四 中豁亦納
豁漏中
六 戈舌劣額列舌列

線誤 葉刻劣漏舌
中合兒罷
葉刻合漏中
兀舌良中合歹
中合誤哈

八 中合必兒中合兒
下中合誤哈

九 脱豁察黑温都兒
漏黑字
十三 燒肉
葉刻肉誤内
十四 失舌羅勒中合荅
羅漏舌
十五 與呵
呵誤可

十八 米中合
中合誤哈
斡克罷
漏克字
九
八 牙温
一逗葉刻誤連下
十 嗚詁列舌論
葉刻嗚誤嗚
十二 額速訥
應連上
米中合
中合誤哈
納荅
一逗
十
一 將來着

來誤木
二 斡克周
漏克字
阿卜赤舌剌周
漏卜字
八 兀該 孛勒罷
兀該一逗
十 訥
應連上
中豁亦納
豁漏中
脱舌列温勒畢
勒在畢下 俄本誤同
十二 揑舌列田
列漏舌

十四 不忽中合中荅吉

忽旁誤舌

不合中禿撒勒只

葉刻撒誤撤

十八 朶奔篾兒格捏扯

線誤分

十一 二 兀也

一逗

六 備 者

備一逗

八 阿闌豁中阿

葉刻豁漏中

九 別勒古訥台

漏勒字

十六 不忽中合中塔吉

合漏中

十八 撒温勒周

漏勒字

十九 丢了

丢誤去

二十 牙兀伯亦温勒渾中

漏勒字

十二 二 含中禿

含中誤合中

出黑刺周

漏黑字

客額周

漏額字

四 必禿温勒周

漏勒字

十二　塔
一逗
十四　脱舌列温勒畢
勒在畢下　俄本誤同
十八　塔訥
一逗
十九　阿闌中豁阿
豁漏中
十三　二　朶脱中合因
線誤分
六　中合舌魯舌侖
魯漏舌
那中孩
孩漏中
八　中合兒中忽　嗚詁列惕

各一逗
十　兀中合阿速
中合誤哈
可兀惕
惕誤勒
備由
一逗
十二　嗚詁列惕
一逗
中合木中渾
一逗　木誤水
十四　中合舌刺除思
刺漏舌
十四　四　中合黑察
黑誤惕

秃中合舌侖
侖旁舌誤中
六　孛魯阿速
線誤分　十行同
八　帖舌列
一逗
十　中含秃
含漏中
十五　二　別勒古訥台
漏勒字　七行同
不中合秃撒勒只
漏勒字　八行同
十一　被數着
葉刻數誤教
十二　脱阿黑荅周

漏黑字
額你迭
漏你字
十四　中豁勒　舌斡羅黑
各一逗
十八　忽舌魯兀
魯漏舌
巴勒諄阿舌剌勒
缺下勒字
十九　坐了
坐誤生
二十　撒兀罷
線誤
十六　五　雛
誤雖

六　孛舌羅黑臣
羅漏舌又漏黑
八　中豁勒
豁漏中
中豁多黎
豁漏中
斡舌羅黑
漏黑字
九　拔
誤教
十　乞勒中合孫巴兒
線誤分
忽舌剌中合剌周
忽旁中衍上剌漏舌
十四　赤那因

一逗
戈舌劣額孫
葉刻劣旁舌誤吉
十八　中合兒赤中孩
孩漏中
巴安
一逗
二十　帖舌列
一逗
十七　四　中合兒赤中孩
孩漏中　十四行同
十四　帖迭
一逗
十六　斡斡舌魯阿惕
一逗

額速克赤列周
線誤分
十八　四　合中兒赤孩中
孩漏中
額薛
一逗
六　客訥埃
一逗
牙兀訥埃　別
各一逗
十六　統格黎克
缺克字
豁中羅舌罕中
豁漏中
十八　亦列舌克薛惕

克惕漏
二十　秣驎舌禿
驎漏舌
十九　八　合中兒赤孩中
孩漏中　十二行同
圖　者
圖連上者一逗
不里舌
一逗
十　額速克赤列周
線誤分
合中阿
一逗　合中誤哈
豁中那阿主兀
豁漏中

兀篾舌列
葉刻線誤
十二　那中忽惕
忽漏中
十六　額你迭
漏你字
備由
一逗
亦舌列古察黑
十八　葉刻列漏舌
豁中魯舌木惕
豁漏中魯漏舌
二十六　統格黎克
漏克字
中豁舌羅中罕

罕漏中
八　亦舌列列速
下列誤別
十六　中豁亦納察
線誤豁漏中
十八　迓步周
漏周字
札中合禿
中合誤哈
二十　牙兀納
葉刻納誤訥
額薛
一逗
廿一　四　門
一逗

五　不曾
漏不字
六　中舌合里兀
中合誤哈
門　古
各一逗
十三　小河行
漏小字
十六　兀出干
干誤于
撒察温
一逗
十八　亦兒堅
一逗
廿二一　也者那般

也者誤是
二　者
一逗
四　額耶屯勒都周
缺勒字線誤分
六　客額勒都周
漏勒字
十　中阿合納兒
葉刻中合誤哈
客列列勒都周
漏勒字
十五　半孕
孕誤朶
十六　敦荅
一逗

十七 甚麼人
麼誤氏
十八 赤
一逗
哈撒黑罷
漏黑字
札兒赤兀勒
勒總譯作惕
廿三 六 阿中合納兒
合漏中
八 禿惕中舌合剌
剌漏舌
十二 可兀
一逗
脱舌列畢

漏脱字列漏舌
十四 札惕
一逗
十六 帖舌列
列漏舌
捏舌列禿
列漏舌
廿四 十 你刊
一逗
脱舌列兀勒畢
線不全
十六 篾捏
一逗
十八 篾年巴阿鄰
線誤

二十　巴阿里(舌)歹
里漏舌
廿五一　赤都忽勒孛闊
漏勒字下同　赤誤亦
四　斡孛黑壇
黑誤在下孛下
不古訥兀惕
漏兀字
七　一種
葉刻一誤二
八　撒勒只兀惕
惕誤勒
斡孛黑壇
漏黑字
十一　撒勒只兀惕

十四　漏惕字
阿卜鄰
漏卜字　葉刻鄰誤都
脱(舌)列克先
列漏舌
把(舌)林失亦(舌)剌禿(中)合必赤
把誤杷剌漏舌
捏(舌)列禿
列漏舌　十八行同
十五　母的
母誤每
十六　引者
一逗
十八　脱(舌)列罷
列漏舌

沼兀舌列歹
列漏舌
廿六 三 沼兀舌列歹
漏兀字
六 中豁亦納
豁漏中
帖舌列
列漏舌
七 有也者
也誤他
八 備
一逗
廿七 十 阿不舌里秃
一逗
十四 別耶秃

耶誤額
把舌魯黑不列額
漏黑字
十六 把魯黑
一逗
兀出干
葉刻誤雙線并連下
十八 捏舌列亦惕抽
惕誤勒
孛勒中合周
合漏中
二十 帖舌里兀田
線誤
廿八 六 迭兀
一逗

十 阿卜鄰
漏卜字
脱舌列克先
列漏舌
廿九 二 兀舌魯兀惕
葉刻魯漏舌
六 伯中升豁兒多黑申
漏黑字 十七十八行同
八 察舌剌孩中領忽
剌漏舌 十行同
十 俺中巴孩
孩漏中
泰亦赤兀惕
泰誤秦 二十行同
十四 抄真斡兒帖該

葉刻線不全
十六 阿舌魯剌惕
漏惕字
斡孛黑壇
漏黑字
十九 想昆必勒格
漏勒字 下同
二十 察舌剌孩中領忽
剌漏舌忽漏中
三十 三 中合卜禿兒中合思
漏卜字
六 中合不勒
一逗
十 昂中合
一逗

忽中禿黑禿蒙古兒
漏黑字　十五行同
十二　脱朶延斡惕赤斤
漏惕字　十六行同
十三　合中不勒合中罕
漏勒字
十五　斡勤巴兒合中黑
漏黑字
二十　忽中禿黑禿禹兒乞
漏黑字　下同
三一　一　姓每
姓上一字衍
三　斡勤巴兒合中黑
漏黑字
忽中禿黑禿主兒乞

漏黑字
十　忽中林舌剌中灰突兒
線誤分林漏舌灰中誤恢
十二　木舌魯
一逗
察卜赤黑三
漏卜字
帖舌列
一逗
十四　忽中禿黑禿蒙古兒
忽漏中漏黑字
十八　忽中兒班
忽漏中
二十　忽中闌把阿禿舌侖
忽漏中侖漏舌

也客扯舌連

連漏舌

乞失黎黑

黑誤勒

三二　六　忽闌把阿秃兒

忽漏中把誤地

十　篾顛

一逗　十四行同

十二　俺巴中孩

孩漏中　十六二十行同

十八　沐舌漣捏

線誤

三三　二　斡乞泥顏

葉刻顏誤額

斡惕中忽　主因

各一逗

四　俺巴中孩

孩漏中　六行同

阿卜抽

漏卜字

六　額勒赤泥額兒

漏勒字

十　中合木中渾

中合誤哈渾漏中

十六　哈赤

一逗

十八　鎖舌里惕中渾

缺惕字

三四　二　中合不勒

漏勒字

八 帖(舌)列

一逗

自此行起俄本

兒旁始注舌字

迓步(中)灰突兒

(中)灰誤恢

十 斡乞

一逗

阿(卜)抽

漏卜字

十四 汪格 (中)(舌)合鄰

各一逗

二十 荅(舌)里台斡(惕)赤斤

漏惕字

三五 四 (中)忽不(舌)里

六 一逗

不(舌)魯(惕)(中)灰

漏惕字

(中)豁亦納察

葉刻納誤訥

兀荅阿(舌)刺(勒)都罷

刺漏舌

八 (舌)都里顏

應連上

十 訶額侖兀真

葉刻訶誤阿 十八行同

(舌)哈刺泥

哈旁誤中

(中)兀合巴兀

一逗

十二　不速惕
一逗
十四　赤舌來壇
來漏舌一逗
十六　中合中舌剌兀　中合禿惕
各一逗
十七　性命自的行
漏行字
十八　亦者
亦字應連上
不速
一逗
舌捏列亦都由
一逗
十九　刁出去

刁誤刀
聞着
誤聞者
二十　中豁舌羅黑　忽訥兒
各一逗　豁漏中羅漏舌
攙察班
一逗
三六　二　阿卜中灰魯阿
中灰誤恢
中豁失温
葉刻豁漏中
四　中忽兒敦
忽漏中
六　中忽牙　主中忽思
各一逗

十九 趕着
誤趕了
二十 忽勒迭周
忽旁中衍
三七 二 阿中合
一逗 六行同
四 荅舌里台斡惕赤斤
里漏舌
迭兀 乞里古
各一逗
阿亦速中灰突兒
中灰誤恢 十八行同
六 克
一逗
八 斡舌羅速木薛兒

羅漏舌
十 客兒 額列
各一逗 十四行同
十二 阿舌魯
一逗
十六 槐
一逗
十八 也客
一逗
荅舌里台斡惕赤斤
漏惕字
二十 嗚詰舌列論
論漏舌
荅巴阿惕
一逗 惕誤勒

三八

一　哭的
哭誤突
二　委亦剌黑荅中忽
漏黑字
四　中合舌喇亦周
喇漏舌
六　哈兀魯中合
上哈旁誤中
兀禄
一逗
斡魯中忽
葉刻斡誤幹
八　阿卜赤舌剌罷
阿下漏卜剌漏舌
十　阿卜赤舌剌黑三
剌漏舌
約孫
一逗
十六　舌荅里台斡惕赤斤
漏惕字

三九

二　俺巴中孩
孩漏中
中豁舌牙里
豁漏中
亦舌列克薛額兒
列漏舌
四　中合木黑
中合誤哈
忙中豁勒
豁漏中又缺勒字

中豁兒中豁納黑
豁均漏中　八行同
六　迭卜先
漏卜字
八　中合罕　額兒古額惕
漏罕字
九　没肋扇的
没字衍
十　撒黑剌中合兒
中合誤哈
中合必兒中合塔
中合均誤哈
十九　種的
缺種字
四十二　哈兒班

哈誤中合
中忽兒班塔
忽漏中
中合惕忽勒都周
漏勒字
俺巴中孩
孩漏中
四　斡雪勒　乞撒勒
各一逗
十三　有的
誤自的
十四　迭里温
一逗
孛勒答中合
二卷廿六頁義譯孤山

勺卜
一逗
十六　禿舌里顏
應連上
十八　那敦
一逗
哈惕中渾
哈誤中合渾漏中
阿卜赤舌剌黑三突兒
漏卜字
二十　脫舌列罷
一逗　列漏舌
四一　十　你刊
一逗
十二　也孫

一逗
十四　朶羅安　塔奔
各一逗
十六　忽中難
一逗
四二　一　名　名行
葉刻缺行字
二　也孫
一逗
六　斡乞
一逗　二十行同
八　斡惕中灰突兒
灰中誤恢
赤忽中兒古
忽漏中

豁(中)牙侖(舌)
豁漏中侖漏舌

四三 **三** 你的
你誤他
火有的
火誤大

四 赤訥
一逗
禿里(舌)顏
應連上
可温
一逗

十二 納(舌)闌
一逗
米訥

一逗　十八行同

十四 納(舌)闌
闌漏舌

十八 額列
一逗

二十 兀魯木
應連上

四四 **四** 沼兀都列罷
線誤分

十一 俺人氏
缺人氏二字

十二 額兒帖　兀都(舌)列扯
線誤
只孫
一逗

四五

十九　一同

誤一箇

二　巴　汪格

各一逗

四　斡列

一逗

六　撒兀舌鄰圖兒

線誤分

撒温勒中灰

中灰誤恢

額兒帖捏扯

一逗

八　中合勒中合壇

上中合誤哈

斡乞惕

一逗

者額因　只孫

各一逗

十　不列額

一逗

十四　訥温　嫩秃黑

各一逗

斡勤　汪格

各一逗

十六　斡勤　米訥

各一逗

兀出兀堅

一逗

十八　中忽荅

一逗

四六 二 看來
看誤着
五 火有
火誤失
六 斡乞
一逗
你敦禿舌里顏
一逗
八 斡乞泥
一逗
十 中豁那周
豁漏中
馬納中合石
中合誤哈
十八 圖兒

應連上
斡脱勒古
一逗
可兀泥顏
線誤
二十 塔勒必周
塔誤荅
斡惕
一逗 惕字缺
者
一逗
四七 二 舌古列格帖
列漏舌
可兀
一逗

四　那中孩牙察
孩漏中　下同
鎖赤温勒
勒字缺
六　別勒格
一逗
八　塔勒必周
一逗
十九　有的時
有誤看
二十　中忽舌林闌
忽漏中林漏舌　下同
勺魯中合周
中合誤哈
四八　**六**　中忽兒班

忽漏中
十六　卯危
一逗
十八　虔
一逗
額不格訥
一逗
二十　斡亦舌剌
一逗　亦誤赤
亦舌列温勒周
漏勒字
四九　**二**　可兀惕
一逗
六　荅阿
應連上

卯危

一逗

八 赤

一逗

十 可兀 察合中

各一逗

阿卜抽

一逗

十三 察剌舌合中

合中誤哈剌漏舌

十四 帖木真

葉刻線誤連下

元祕史校記卷二

頁	行	正文	校記
一	四	不石	一逗
	六	馬石	一逗
	八	斡(舌)列邊　阿不(舌)剌	各一逗
	十	(中)忽荅　(舌)抹劣勒古	各一逗　劣漏舌
		斡惕禿(中)孩	孩漏中
	十二	斡脱(舌)兒	一逗
		亦(舌)列禿該	該誤孩
		蒙力克	漏克字
		阿卜抽	一逗漏卜字
	十六	帖(舌)列	一逗
		俺巴(中)孩	孩漏中

中合札舌魯
魯漏舌
十八 中合舌魯黑三突舌兒
魯漏舌
中豁只惕
一逗
中豁只荅兀勒荅周
複一兀字
二 二 可兀的
一逗
也客 兀禄
各一逗
孛魯中灰牙察
中灰誤恢
三 您

誤恁 五行同
四 也勤
一逗
十 分子
誤分了
十四 只舌鄰
一逗
十六 斡克帖恢
一逗
亦咥古
一逗
十七 道子有的你
葉刻漏你字
十八 俺巴中孩
孩漏中

二十　兀窟別兀
葉刻別誤列
額因
一逗
三
三　論來呵
漏呵字
您
葉刻誤恁　五行同
四　耨兀惕
一逗
六　阿卜抽
漏卜字
八　塔兒中忽台乞鄰舌禿黑
台誤白
泰亦赤兀惕
漏亦字
十二　斡惕抽
一逗
十八　中豁亦納察
豁漏中
卓
一逗
四
一　論來呵
葉刻呵誤阿
二　兩人名
誤作四人名
四　一人名
誤作二人名
八　牙舌剌禿
一逗

十二 額赤格因
一逗
十四 兀魯思
一逗
阿卜抽
漏卜字
亦惕合中忽中
一逗
十六 額因
一逗
十七 英頭
英誤莫
十八 格周
一逗
二十 帖迭

五
一逗
二 兀禄
一逗
十 阿合中
一逗
別勒必孫泥
勒誤惕
十二 格周
一逗
十三 子自行
自誤每
十六 豁中只塔剌
俄本豁有中
十八 癸邏周
葉刻邏誤趨

抹亦勒孫
葉刻孫誤豁
兀都兒
一逗
六 四 帖只額克薛惕
漏克惕二字
六 可兀惕
一逗
孛魯舌剌
孛誤索
札兒沉台
葉刻沉誤沈
八 可兀惕
漏惕字
薛徹惕

十四 一逗葉刻誤連下
中豁阿兀真
豁漏中
忙吉兒速阿兒
線誤分
中合兀魯中合
俄本末有惕字
十六 撒亦惕
一逗　下同
十八 額列
一逗
二十 額兒吉
一逗
七 二 鉤吉
一逗

六 赤魯篋

一逗

只剌(舌)木(惕)

葉刻剌旁舌誤中

八 哈赤

一逗

十六 鉤吉 你刊

各一逗

塔塔(中)灰

(中)灰誤恢

八二 札兀(勒)撒泥

勒誤惕

四 阿(中)合

一逗

六 阿(中)合納兒

合漏中

也勤

一逗 十四行同

八 塔

一逗

不速

一逗葉刻誤連下

薛温(勒)額徹

漏勒字

十 兀該 阿(中)合

各一逗

十四 塔奔

一逗

也勤

一逗

兀格温　塔
各一逗

十五　別克帖兒
漏克字

十六　別勒古台
漏勒字

九

四　兀禄
一逗

六　帖因
一逗　八行同

七　要了來呵
漏呵字

八　阿勒都中渾
勒誤惕

九　丢着

丢誤去

十二　阿黑騧壇
騧誤騙
也孫
一逗
秣舌驪
驪漏舌
中合舌喇周
喇漏舌

十四　撒兀周
漏周字

十六　速木班
一逗

十八　泰亦赤兀惕
葉刻兀誤額

阿(中)合　倒兀孫

各一逗

二十　哈赤

一逗

十二　納馬宜

一逗

阿馬訥　孛(勒)(中)合梅

各一逗

四　不速　赤出阿

不速一逗

六　不　不(舌)連(勒)格禿坤

線誤

八　不

一逗

十一　四　斡(舌)(中)羅灰魯阿

(中)灰誤恢

(中)豁牙兒

豁漏中

五　容顏

葉刻容誤客

六　赤(舌)來

一逗

八　哈(惕)(中)渾

渾漏中

十　那(中)孩

一逗

十三　蟒蛇

蟒誤莽

十四　阿米都

一逗

客額古
漏額字
十八 不兀(舌)剌
一逗
二十 赤那
一逗
十二 二 昂吉兒
一逗
三 疑貳的
衍一不字
四 巴兒思
一逗
六 巴(舌)魯思
一逗
薛兀迭(舌)列徹 不速、

各一逗
八 不速
一逗
九 有時
誤的時
十二 客兒
一逗
額因 乞(勤)都梅 塔
各一逗
十三 言語每
葉刻每誤思
十五 煩惱了
葉刻惱誤老
十三 十 塔兒忽(中)台乞(舌)鄰(勤)禿(黑)
漏勒字

十一 引着

引誤弓

雞的每

雞誤惡

十二 兀都里舌惕抽

惕誤勒

十三 將着

將誤恒

十四 石恢

一逗

十五 藩籬

葉刻籬誤誰

十六 剌周

應連上

木都惕

一逗

十九 種名每

缺每字

十四 二 亦列

列旁舌衍

不速的

一逗

客舌列克

一逗 漏克字

四 翁失黑荅周

漏黑字

秣舌驪剌溫勒周

驪漏舌漏勒字

都塔阿周

葉刻誤分

六　斡惕中灰宜
中灰誤恢
八　斡舌欒
一逗
十一　泰亦赤兀惕
漏惕字　廿行同
乞鄰勒禿黑
漏勒黑二字
十二　不是
誤不似
十四　別勒古台
漏勒字
十五　二　石恢　中合兒速
各一逗
秣舌驪顔

四　驪漏舌　四行同
可脱勒周
漏勒字
阿亦速中灰突兒
中灰誤恢　十四行同
額蔑額勒
漏勒字
六　可門勒都兒
一逗
八　斡郎剌黑撒阿兒
缺黑字
斡郎　赤　孛勒禿中孩
各一逗　孩漏中
十　可門勒都兒格
漏勒字

木勒禿舌列古
漏勒字
亦惕中罕
漏惕字
十四 察罕
一逗
十六 孛克連
漏克字連誤速
十八 巴撒
一逗
中豁那黑
豁漏中
二十 捏舌列
一逗
兀窟克迭恢

漏克字
中合兒速
一逗
十六 四 中合兒巴速
巴誤也
六 豁黑脱里阿惕
里旁舌衍
秣舌驪顔
驪漏舌
中合兒中灰魯阿
中灰誤恢
十七 泰亦赤兀惕
漏惕字
二十 塔兒中忽台乞舌鄰勒禿黑
漏勒字

阿卜抽
漏卜字
十七　四　迓步中灰突兒
中灰誤恢
主訥
一逗
五　圓光
葉刻誤圖兒
十　可温
一逗
十四　赫乞
一逗　葉刻誤連下
癸邅周
葉刻邅誤趨
十五　被看見

看誤着
二十　你兀兒
一逗
十八　十二　中合亦剌中灰突兒
中灰誤恢
十三　河名的
缺河字
十六　中合兒乞圖兒
線誤
十八　拙卜
缺卜字　下同
十九　二　乃塔黑丹
一逗
四　客卜帖
漏卜字

五　排尋咱
漏咱字
六　客額勒都恢突兒
恢旁誤中
八　門
一逗　十行同
額薛
一逗
十　客額勒都罷
勒誤惕
十四　帖因
一逗
客卜帖
漏卜字
十六　合中荅兀只古

葉刻合漏中
二十五　排尋咱
漏咱字
六　合中舌鄰
一逗
八　古卜臣
一逗　漏卜字
十　合中舌郎中灰
郎誤即中灰誤恢
門
一逗
十二　兀者克先
漏克字
十四　赤溫勒周
漏勒字

斡惕中忽

忽漏中

十六 客額勒都周

漏勒字

十八 鎖兒中罕失舌剌

剌漏舌

廿一 二 塔兒中合兀侖

一逗 中合誤哈 十六行同

額舌鄰

一逗 鄰漏舌

三 見了麽道

漏道字

四 客延

誤連上 下同

十一 鎖兒中罕失舌剌

葉刻兒罕誤倒

十六 朶舌脱剌班 斡赤干

各一逗

十八 必禿温勒周

漏勒字

中豁那温勒中灰突兒

豁漏中漏勒字中灰誤恢

中豁那巴速

豁漏中

二十 中豁牙兒

一逗 豁漏中

斡舌羅

一逗

廿二 二 阿卜抽

漏卜字

四 兀禄 那克臣
各一逗
六 門
一逗
阿不舌刺木 者
線誤
十 看守
看誤着
十五 鎖兒中罕失舌刺
葉刻刺漏舌
十八 格舌侖
一逗
別勒格
葉刻別誤列
循 兀都兒

各一逗
二十 擣兀
擣誤儔
廿三 二 圖兒
應連上
六 亦舌列罷
一逗
十 帖因
一逗
十四 圖兒
應連上
兀訥温勒周
漏勒字
十六 不
一逗 葉刻誤連

廿四 十 你兀罷

一逗

十二 能知連勒都牙

漏勒字 下同

十四 古兒帖列

一逗

廿五 二 能知温勒孫

漏勒字

三 泰亦赤兀惕

葉刻惕誤勒

十 嗚詁列舌論

論漏舌

十二 額兒

應連上

阿勒荅罷

漏勒字

十四 額舌鄰

一逗

中忽剌黑赤泥

泥誤沉

十六 兀訥温勒周

漏勒字

帖勒

一逗

十七 火鐮

鐮誤鎌

廿六 四 騍馬

騍誤課

十 阿魯兒中孩巴兒

孩旁中誤舌

十二　沐漣(舌)
漣旁舌誤中
十三　小河的
缺的字
十四　(中)豁(舌)羅(中)罕訥
線不全
十五　犕的
漏的字
十六　(中)豁兒出(中)灰
(中)灰誤恢
勺魯(中)合勒都罷
漏勒字
廿七　一　(中)豁兒出恢
豁漏中
四　捏亦連勒都周

線不全誤分　葉刻連誤速
古連(舌)勒古
連漏舌
八　阿(中)灰突兒
(中)灰誤恢
十六　阿黑騔壇
葉刻騔誤騸
乃蠻
一逗
秫(舌)驪惕
漏惕字
二十　迓步(中)合惕
一逗
廿八　一　騎着
騎誤斷

四　荅兒吉
一逗
八　闊脱勒周
漏勒字
阿黑騔塔泥
漏黑字　十六行同
阿卜抽
漏卜字
嗚詁列舌論
論漏舌
十二　兀禄
一逗
十六　失兒中合
一逗
十八　阿魯兒中孩巴兒

孩漏中
馬納中合兒
一逗
額兒帖
四四頁譯疾早
二十　古舌魯篾列　可温
各一逗
廿九　一　騍馬
騍誤課
二　格兀
一逗
六　阿黑騔壇
漏黑字
乃鑾
一逗

抹舌驪惕
漏惕字
忽勒迭周
漏勒字
八 斡克速
一逗
十 塔勒必温勒周
漏下勒字
捏
應連上
斡舌羅黑
一逗
十一 他
葉刻誤你
十二 忽中必宜

一逗
十四 撒兀魯中合班
線誤分
十六 那可兒 赤
各一逗
馬石
一逗
十八 備
一逗
二十 可温
一逗
三十二 捏舌列禿
一逗
阿黑騸塔訥
漏黑字線誤分

抹舌里牙兒

四　一逗

中忽不舌里

一逗

六　你刊　乃鑾

各一逗

抹舌驪惕

漏惕字

八　也客

一逗

額別速連

速連誤速速

十　嗚詁列舌論

論漏舌

那可兒

一逗

十二　阿黑騔壇

漏黑字

帖迭

一逗

忽勒迭周

漏勒字

十四　必

一逗

十六　朶卜禿勒周

漏卜字

斡舌羅阿惕

漏惕字

二十　別勒古台

漏勒字

三二 二 兀不兒
一逗
你刊
一逗　葉刻誤連下
察中合安
中合誤哈
六 嗚詁列舌論
舌應在論旁
納荅
一逗
中合兒不闌勒都速
合漏中勒字漏
八 嗚詁列舌論
論漏舌
九 回去斯射了

葉刻缺了字
十二 帖舌列
列漏舌
秣舌驪秃
驪漏舌
十五 被做着
黑字衍
十六 中豁亦圖
一逗
十八 中豁綽兒罷
豁漏中
三三 十 抹舌驪的顏
驪漏舌
十二 阿卜中忽兀
漏卜字　下及十八行同

十六　土撒
一逗
孛(勒)速
漏勒字
亦列(舌)罷
列漏舌
十八　完者兀
俄本完下有勒字
捏列(舌)秃
葉刻列漏舌
三四　二　諸額(克)先
漏克字
兀禄
一逗　四行同
阿卜(中)忽

漏卜字　四行同
土撒
一逗
四　牙温　土撒
各一逗
十四　圖兒
應連上
十六　札卜(中)合周
漏卜字
十九　艱難
葉刻誤難難
三五　二　斡都剌阿
一逗
亦列(舌)罷
一逗

四　哈温勒周
漏勒字
阿卜赤舌剌罷
漏卜字
六　帖勒
一逗
八　古揑速列温勒罷
漏勒字
十　札剌兀思
一逗
兀氊勒都克禿惕
漏勒字
帖卜赤勒都克禿惕
漏卜字克字
三六十二　別勒古台

漏勒字
十四　不恢突兒
一逗
十六　沐舌漣
漣漏舌　葉刻誤連下
額舌鄰
一逗　鄰漏舌
斡惕罷
漏惕字
扯克徹兒
漏克字
十八　翁吉舌剌惕
刺漏舌又漏惕字
十九　種名
誤姓氏

二十　嗚詰列論舌
論漏舌
阿合中
一逗
三七　四　兀者罷
一逗
五　送來的
送誤迭
八　格兒該
一逗
二十　客魯漣舌
漣旁舌誤中
三八　六　別勒古台
漏勒字
八　都里舌顏

應連上
晃中豁中里舌
一逗
十　魯額
應連上
二十　納察
應連上
三九　一　上見公姑
上字缺
二　失惕坤勒
一逗
六　阿卜抽
一逗　漏卜字
八　魯額
應連上　十行十六行同

九　相說的
的誤了
十二　備
一逗
王中罕
中罕作中合
中合舌刺
一逗
十四　途兒
應連上
十八　備由
一逗
二十　額木思格勒
勒誤克
阿卜赤舌刺罷

漏卜字
荅中忽
忽漏中
四十二　不⿰鼠盧中罕
葉刻⿰鼠盧旁中衍
六　不古惕客勒都周
缺勒字
八　圖兒
應連上　下同
四一五　大典本卷三從本行起
地名
缺地字
六　不峏中罕合勒都納察
漏勒字
十　兀都舌里惕抽

惕誤勒

十六　斡古列額

一逗

十八　者勒篾

漏勒字

二十　斡克罷

漏克字

四二　九　晝將明

晝誤盡

十　額兒迭

五卷三一頁譯作晨

失闌舌勒

闌漏舌

兀都兒

一逗

十二　豁中阿黑臣

漏黑字

十六　梅

應連上

泰亦赤兀惕

缺惕字

四三　六　斡帖兒

一逗

八　斡帖兒連

一逗

秣舌驪的顏

驪漏舌　十行以下同

十　秣舌驪

一逗

十八　你刊

一逗

四四

三　帖木哥斡惕赤斤

漏惕字

四　別勒古台

漏勒字

八　舌秣驪剌周

驪漏舌

孛額惕

惕誤帖

十　中不兒罕

罕漏中

竹克

一逗

十二　你刊

你誤孛

圖兒

應連上

十四　闊勒周

漏勒字

騰格里克

漏克字

十五　尚昏暗

暗誤時

十六　舌赫魯　舌巴魯荅

線誤

兀都兒

一逗

十八　舌扯里克

一逗

二十　中豁阿黑臣

漏黑字

四五 二 帖木只納埃

一逗

圖兒

應連上

中豁紉

葉刻紉誤納

四 禿舌里顏

應連上

八 格兒

一逗

四六 三 腰

誤要

八 中忽中忽舌刺黑荅周

缺黑字

十二 木惕

一逗

十四 闊勒

勒誤惕

十六 亦舌列額惕

缺惕字

四七 二 迭兀揑兒

揑誤担

三 名 車的

缺名字

四 中合阿勒中合

勒誤惕

阿卜中灰魯阿

中灰誤恢

十 察

應連上
抹赤吉周
漏赤字

四八　四　十七　豁中阿黑臣
豁漏中又漏黑字

忽中赤温勒周
忽漏中

九　密林
缺林字

十七　被要了
葉刻了誤子

十八　斡雪勒
漏勒字　一逗

亦舌列克薛惕
漏克惕二字

二十　嗚詰列勒都舌論
漏勒字

四九　四　都周
應連上

十一　脱黑脱阿
漏黑字

十八　阿只舌剌罷　由
由誤田

二十　不克抽兀
一逗

五十　二　豁中亦納察
豁漏中

六　額卜徹兀邊
漏卜字

八　兀年

一逗
孛勒周
漏勒字
九　木
誤本　葉刻不誤
十　木敦
木誤不
不魯舌兀敦
魯漏舌
秣舌驪禿
驪漏舌　十六行同
豁舌林
一逗
十二　格兒
一逗　十八行同

十七　條的
應連上
十九　上去來
來誤乘
五一二　中合勒中合剌黑荅罷
線誤
四　馬納中合兒
一逗
兀都兒
一逗
不舌里
里漏舌義譯每
十　額卜徹溫都舌里顏
漏卜字
抹額列惕抽

漏愓字
納蘭舌竹克
漏竹克二字
莎葛愓抽
漏愓字

幹克罷
漏克字
十一 別勒古台
葉刻漏勒字
十四 豁阿黑臣中
豁漏中又漏黑字

元祕史校記卷三

頁	行	正文	校記
一	八	斡(惕)抽	惕誤勒
	十	額篾	一逗
		阿(卜)荅罷	漏卜字
		(中)罕　米訥	各一逗
	十二	斡(克)禿該	一逗
	十四	脫斡(舌)鄰勒	鄰漏舌
	十六	褡(中)忽	褡作褡
		納荅	一逗
		阿(卜)赤(舌)剌侖(舌)	漏卜字
	十八	篾圖　備由	各一逗
	二十	兀魯昔	一逗

二

一　與呵

漏呵字

二　合中剌舌

一逗

四　兀魯昔　斡克速

各一逗

扯客來舌因

一逗

六　客額列額

一逗

八　不驢中罕

一逗

十　孛兒帖

一逗

十二　中合勒塔亦周

亦誤赤　葉刻漏勒字

十五　教去

葉刻教誤救

十六　迭兀迭

線誤分

客連

一逗

備

一逗

十八　額你迭扯

你誤勒

十九　教上馬

漏上字

二十　土篋惕

一逗

三 五 擄着
葉刻着誤看
十六 脱斡舌鄰勒
鄰漏舌
十八 突兒
應連上
二十 嗚詁列
一逗
四 二 斡舌羅班
葉刻羅漏舌
孛勒中合黑荅阿
缺黑字
三 一箇等
等誤的
四 不速禿

一逗
六 含屯勒迭額
一逗
兀舌魯黑
缺黑字
八 哈赤顔
一逗
哈赤剌中渾
渾漏中
十 兀格
一逗
十四 土撒
一逗
十六 中豁牙兒
豁漏中

土箆惕
一逗
十八 中合兒
一逗
客列列周 亦列
線誤連 葉刻亦誤赤
二十 中豁牙舌兒
一逗
中含禿惕中忽
一逗
五
四 豁黑脱舌兒中忽
漏黑字
六 孛勒罷
一逗
斡舌劣

一逗
八 斡雪里顔
一逗
十二 箆兒乞的
葉刻兒誤先
十四 帖舌列
一逗
十六 荅卜失中灰突兒
中灰誤恢
擣兀
一逗
不兀舌剌
線不全
十八 客額舌列 備
各一逗

歹亦只黑赤
漏黑字

二十 斡兒洹
一逗

六

二 備
一逗

四 中合舌剌只 客額舌列 備
各一逗

八 撒勒
一逗
帖舌列
一逗

十二 可温
一逗

十七 中合撒舌兒

葉刻線漏

七

五 塔勒中渾阿舌剌勒
漏上勒字

十三 遠看見的
葉刻見誤兒

十四 嗚詁列
一逗

十六 中合舌剌
一逗

十九 剛硬
剛誤鋼 下同

二十 中合唐中忽
一逗

八

四 中合惕中忽勒敦
漏勒字

孛額惕
一逗　十四行同
八　不舌里克先
一逗
十　中忽牙吉顏
忽漏中
十一　柄有的
柄誤抦
十二　斡那禿
一逗
十五　前行
前誤箭
十八　斡難
一逗
九
一　逆着

葉刻逆誤送
二　秣舌驪剌舌侖
線不全
安荅因
一逗　四行同
額你迭
一逗
四　你刊
一逗　下同
八　捏亦連勒都牙
一逗
十　不舌嵎中罕中合勒墩
漏勒字
十八　兀格思
一逗

十

二　額迭
一逗

四　中豁牙舌兒
一逗
土篾惕
缺惕字

八　抹兒途兒
一逗

九　小河行
漏小字

十四　你刊
一逗　十六行同

十一

四　不舌兒吉
葉刻吉誤告

十二　中含禿惕抽

葉刻含旁中誤舌

十四　歌多勒周
漏勒字

二十　兀者額惕
缺惕字
中豁牙舌兒
一逗

十二

二　額迭
一逗

四　札撒阿惕
一逗

六　孛舌羅安
一逗

十二　迭扯
應連上

十六 二 忽中兒班
一逗
擺亦罷
一逗
十三 七 曾這般
葉刻曾誤會
十六 額舌魯格
魯漏舌
十八 忽中都黑
缺黑字
二十 額額迭
一逗
十四 八 脫黑脫阿
線誤連下
十五 二 忽舌魯兀

魯漏舌
四 扯舌里兀惕
缺惕字
六 古 倒兀鄰
各一逗
十 突兒
應連上
十四 保兀阿惕
缺惕字
十六 豁阿黑臣
漏黑字
十八 赤勒不兒
赤誤亦
十九 看呵
看誤着

十六

四　額舌里古
葉刻里旁舌誤古

五　下咱
漏下字

六　斡勒罷
漏勒字
不
一逗

八　阿亦速中灰宜
中灰誤恢

九　漫散着
漫誤温

十　門
一逗

十七

八　脱黑脱阿別乞

黑誤惕

十二　哈舌闌
哈旁誤中

十四　迭扯
應連上
也速該
一逗

十六　斡旋
一逗
哈赤闌
闌旁舌字衍

十八　中忽赤兀勒中灰突兒
中灰誤恢

二十　突兒
應連上

十八

二 阿撒舌剌兀魯黑三

一逗

阿撒舌剌黑三阿兒

黑誤惕

四 中合舌剌

一逗

六 中合里速

一逗

八 亦咥速

一逗

者申

一逗

十 中合勒中忽

一逗

中渾討兀

渾漏中

十二 中合舌剌 帖舌里温

中合舌剌一逗 里漏舌

都舌里顏

應連上

十四 石舌兒中窟速

速誤連

十六 中鶻剌都

一逗

十八 札牙阿禿

漏阿字

二十 亦咥速

一逗

中忽納舌兒

一逗

十九　二　兀只泥
線誤連泥
亦(舌)列古
一逗
四　(中)渾討兀
渾漏中
六　都(舌)里顏
應連上
八　(中)豁(舌)羅(中)渾
葉刻渾漏中
(中)合(舌)剌禿
義譯黑
十　阿米納
一逗
二十　六　(中)合阿台荅(舌)兒馬(舌)剌

剌漏舌
(中)合卜榻孫
漏卜字
十　備由
一逗
十三　入去呵
葉刻漏入字
十六　羓克
一逗
額閔闐(舌)別兒
闐原作閔顧校改爲闐
十八　可兀惕　(中)合惕
各一逗
二十　必　卯危
各一逗

廿一 六 額列
一逗 葉刻額誤顔
十四 額不舌里惕坤
漏惕字
廿二 六 箭射着
葉刻箭誤前
十二 不識舌怜
怜誤怜
十八 揑舌列亦惕抽
列漏舌
二十 巴
一逗
廿三 二 赫里格
一逗
舌斡羅

一逗
四 古温泥
古誤舌
兀舌魯惕格罷
魯漏舌
六 必荅
一逗
十六 馬舌闌侖
侖旁舌衍
十七 水的
葉刻水誤你
十八 亦赤勤札兒中合黑
勤誤動線不全
十九 火有的
火誤人

二十　捏舌列秃
線不全列漏舌
廿四　一　小兒行
缺小兒二字
四　訶額侖
葉刻訶誤阿
斡克抽
克誤惕
六　斡惕罷
惕誤克
七　本段總譯大庫抄本與廿五頁
總譯互倒
二十　中含秃惕抽
漏惕字
中豁兒中豁納黑

一逗
主不兒
一卷三九頁義譯川
廿五　八　中舌合剌
一逗
舌勺鄰
鄰漏舌
十四　忽里牙秃速卜赤惕
惕誤勒
二十　孛侖勒察黑撒你顏
線誤分
廿六　四　孛侖勒察舌侖
葉刻漏勒字
哈兒班
一逗哈旁誤中

不恢突兒
恢旁誤中　十四行同
十　抹勒孫突兒
線不全
十二　豁中亦納
豁漏中納誤訥
十六　斡克抽
漏克字
十八　安荅赤闌勒都罷
線誤分
二十　客顏勒都克先
漏克字
廿七十二　兀舌里都思
里漏舌
安荅

一逗
十四　孛魯由
一逗
十五　共重新着
缺共字
二十　阿兒必剌周
剌旁舌衍
阿勒壇
一逗
廿八一　帶教繫了
缺帶字
黑鬃尾馬
鬃誤⿱髟屏
六　阿勒壇
一逗

八　不薛列兀勒罷

線不全

十六　只舌兒中合勒都周

線不全

中合黑察

一卷三頁譯獨

中豁那勒都中渾

線不全

廿九　七　中忽勒荅中合舌兒

漏勒字

十　你刊

一逗

十一　年的

的誤約

十六　哈兒班

三十　二　哈旁誤中

阿吼剌　失中罕

各一逗

四　中豁勒突舌兒

俄本勒作泐　十六行同

失中罕

一逗

十　揑兀舌里

缺揑字

十六　失中罕

罕漏中

十九　省不能着

省誤着

二十　嗚詁列木

一逗

兀罕(中)　合(中)里(舌)兀
各一逗
三一　二　必
一逗　四行同
阿撒(黑)速
一逗
八　委亦當合(中)
線不全
十　察(黑)
一逗
十二　兀格
一逗
三二　九　大典本卷四從本行起
十二　雪泥
一逗

十五　動了也
漏也字
十六　歌多(勒)罷
一逗
三三　十四　合(中)赤温　合(中)剌(舌)孩(中)
各一逗
二十　荅(勒)都兒罕(中)
四五頁連上作一人名
三四　二　阿亦孫
一逗　四行同
六　阿合(中)納兒
葉刻合(中)漏中
十　徹兒必
應連上
十二　孛斡兒出

線誤
十四　亦舌列罷
一逗　二十行同
十八　突兒
應連上
捏亦連
連誤速
二十　阿中合
一逗
三五　四　亦舌列罷
一逗　下同
札刺亦舌侖
侖漏舌
阿兒中孩中合撒兒　巴刺
二人誤爲一人

八　速客客
當係種名
十　中晃答中豁舌侖
侖漏舌
速客該　者温
五卷十一頁作一人
捏兀歹　察中合安兀洼
四卷五頁作一人
十四　捏徹
應連上
三六　二　魯額邊
應連上
四　中豁舌兒赤
一逗
六　你耶舌連

應連上
十一 合中荅安
應連下作一人名
三七 六 抹赤別都温
線不全
十 兀孫老人
兀孫誤連上老人誤連下
三八 二 都舌里顏
應連上
八 莎勒只舌兒
漏勒字
十 竹克
缺克字
抹斡舌連
連漏舌

十一 土
誤上
二十 額耶禿勒都周
缺勒字
三九 二 孛勒禿中孩
一逗 孩漏中
阿卜抽
漏卜字
四 阿亦速
一逗
兀者兀勒周
漏勒字
六 兀魯孫
一逗
七 告了的

告誤吉

八　只阿黑撒訥

缺黑字

十　只兒中合兀勒中忽

漏勒字

十二　帖因

一逗

土篾訥

一逗　十六十八行同

十四　額列額都

據總譯上當有豁中兒赤嗚詁

列舌侖七字

十八　只兒中合郎

一逗

孛勒中合阿惕

漏勒惕二字合漏中

二十　豁中阿思

一逗

四十　二　忽中臣　牙兀

各一逗

四　薛泥

應連上

十　札木中合

合漏中

四一　二　你刊

一逗　以下同

亦列舌罷

一逗　以下同

十二　札木中合

合漏中

十四　莎兒中合禿
一卷三十頁作忽禿禿
十六　揑坤太子因
一逗
十八　阿勒壇斡惕赤斤
漏勒字
四二　二　中豁舌羅中合訥
豁漏中
九　荅舌里台斡惕赤斤
漏惕字
十三　阿勒壇斡惕赤斤
漏惕字
四三　三　做呵
呵誤漢
七　腮美

腮誤聰
八　中合察兒
一逗
十　中合塔舌剌兀勒周
漏勒字
阿卜赤舌剌周
漏卜字
斡克速
一逗漏克字
斡舌羅阿
羅漏舌
十六　中忽牙
一逗
斡克速
克誤舌

十八　合(中)剌
一逗
孛勒合(中)阿速
合漏中
二十　合(中)里(舌)
一逗
迭扯
應連上
合(中)屯
一逗
四四　二　合(中)剌(舌)
一逗
合(中)札兒
一逗
四　昂客

一逗
厄卜迭額速
漏卜字
六　額者
一逗
八　巴剌勒都周
漏勒字
阿鑾
一逗
十　捏列(舌)亦惕抽
漏惕字
孛勒合(中)罷
漏勒字
四五　二　阿黑撒罷
漏黑字　下同

中合只温脱中忽舌刺温
忽漏中刺漏舌
中豁兒
豁漏中
十二 失列古
一逗
十六 中豁紉的
豁漏中

四六

四 掤斡兒中合台
線誤分
赤兀
一逗
不
一逗 六行同
八 舌列兀勒速

應連上
十 格兒 朵脱舌刺
格兒一逗
十五 您每
您誤悠
十六 斡抹舌里兀惕
缺惕字

四七

二 泰亦赤兀歹
卅五頁作人名
中忽圖抹舌里赤
應是一人名
六 中豁刺因
應譯遠的
八 斡亦舌刺因
應譯近的

孛勒秃中孩
漏勒字
十　嗚詁列舌論
論漏舌
中忽中魯合納
合漏中
中舌忽里牙勒都速
漏勒字
十六　格兒
一逗
十九　中同合赤温
赤誤亦
二十　汪古兒
一逗
四八　一　中合荅安

應連下作一人名
十四　陰影兒
陰誤除
二十　薛兀勒
一逗
四九　二　者
一逗
四　中豁舌牙兒
豁漏中
六　阿中渾
一逗　渾漏中
八　中合札舌剌
剌漏舌
十　亦赫額克迭額速
線誤分

安荅

義譯契合

十二　薛惕乞周

惕誤勒

亦舌列克薛惕

列漏舌並漏克字

十四　田

應連上

十六　竹克

一逗

十七　者勒篾

漏勒字

五十

六　突兒

應連上

九　有的

誤過的

十　中合罕

缺罕字

十一　休

誤你

十四　談禿魯惕中渾

惕誤黑

元祕史校記卷四

頁	行	正文	校記
一	四	額勒赤	一逗
	六	嗚詁列	一逗
	十	速別額	一逗
	十二	不恢突兒	恢旁誤中
	十四	額朶額	一逗
	十六	薛惕乞勒	一逗
		中罕	一逗
二	十一	有着	誤住着
	十二	撒阿舌里客額舌列	線不全
	十四	迭額舌兒篾都舌列	列漏舌
	十六	斡惕出爲	漏惕字

拙赤荅兒舌馬剌

兒旁舌誤中

二十 斡惕塔周

漏惕字

三

五 宿着

缺宿字

七 殺了

殺誤教

十六 阿剌黑荅罷

漏黑字

原作巴

俄本作原作伯

十八 哈兒班

葉刻哈旁誤中

合中舌鄰

鄰漏舌

四

四 木勒客脫塔黑

葉刻勒誤惕

中豁牙兒

豁漏中

六 不恢突兒

恢旁誤中

八 客連

葉刻連誤速

哈兒班

葉刻哈旁誤中

舌古列額惕

列漏舌

十 中忽兒班

一逗

五　十六　兀魯(舌)兀敦
魯漏舌
六　六　魯額邊
應連上
十　斡額兒
漏額字
六　十二　禿(舌)里顏
應連上
七　二　撒察別乞
葉刻線不全
帖(舌)里兀連
里漏舌
四　禿(舌)速兒恢因
一逗　恢旁誤中
六　納麻　兀禄

各一逗
八　禿(舌)速魯由
線不全
十　荅周
應連上
十二　兀窟恢因
一逗
阿失吉(黑)荅(中)灰
黑誤克(中)灰誤恢
十五　札木(中)合
合漏中
八　十二　帖(舌)列
列漏舌
札三
一逗

二十 不里舌孛闊
里漏舌
九 二 察卜赤黑荅周
漏卜字
四 孛額惕
惕誤勒
牙兀納 兀禄
各一逗
八 朶脱舌剌察
一逗
十二 嗚詁列舌論
論漏舌
米訥
一逗
十四 亦剌阿舌里

一逗
十五 兄休
兄誤凡
十 八 兀禄
一逗
十二 阿卜抽
漏卜字
十八 勺乞勒都牙
一逗
額勒赤
一逗
十一 二 斡舌羅黑荅舌侖
漏黑字
札撒周
周誤間

四　不
一逗
六　帖(舌)里兀田
里漏舌
塔塔(舌)里
里漏舌
八　撒(勒)帖
漏勒字
阿亦石
一逗
十二　十六　兀魯額(惕)
應連上
十七　教來了
教誤將
十三　六　兀都(舌)列徹
列漏舌
十二　亦(舌)列(克)迭恢額徹
恢旁誤中
十四　八　亦訥
葉刻訥誤納
十五　六　(中)豁牙兒
豁漏中
篾古真薛兀(勒)圖
葉刻漏勒字
八　篾迭額(惕)
葉刻缺惕字
十　斡(克)罷
漏克字
十一　名分
漏分字

十二 捏舌列亦都克薛額兒

漏克字綫誤分

孛勒罷

漏勒字

十六 阿勒壇 馬石

各一逗

乞罷

一逗

十八 阿勒壇

一逗 漏勒字

斡赤速

一逗

十六 二 招討 阿勒壇

各一逗

四 帖堆

旁缺那些二字

二十 保兀黑三

黑誤勒

十七 二 格克薛泥

漏克字

八 赫里格卜赤禿

闕卜字綫誤分

阿卜赤舌剌周

漏卜字

十 掃花

一逗

十二 阿主兀

一逗

十四 兀舌魯黑 備由

各一逗 魯漏舌

十八　八　忽卜潺（中）
漏卜字
十　乞克迭罷
二卷四頁譯做了
十五　種名行
漏行字
二十　突兒
應連上
木惕
一逗
十九　二　木惕
一逗　十四行同
察卜赤罷
漏卜字
三　娘子

葉刻子誤了
四　谿里真（中舌）
谿漏中
十一　日每
缺日字
被來了
葉刻被誤破
十二　古里扯周
葉刻古誤吉
額薛
一逗
十六　秣驪剌罷（舌）
驪漏舌
二十　不恢突兒
恢旁誤中

二十　八　嗚詁列論舌
論漏舌
十二　豁中牙兒
豁漏中
二十　田迭
一逗
廿一　六　於是
葉刻誤如是
十八　者卜客
漏卜字
廿二　四　孛莎中合因
一逗
五　脚後筋
脚誤時
十　客額周

一逗
十六　阿禿中孩
一逗
廿三　二　斡克禿該
一逗
四　捏徹
應連上
五　撒
葉刻誤撒
八　孛舌羅兀勒
羅漏舌
十二　斡克罷
葉刻旁缺與了二字
十五　有三子
三誤二

廿四　四　篾兒乞敦

漏乞字

十八　孛(勒)合(中)忽(中)由

一逗

二十　格兒

一逗

廿五　二　孛羅(舌)兀(勒)

羅漏舌漏勒字

做眼

葉刻眼誤銀

八　合(中)訥

合漏中

昂合(中)

一逗

阿合(中)

十　合漏中

可温

一逗

莎兒合(中)禿主兒乞

合漏中

十二　阿合(中)

一逗

十三　肝行

肝誤用

十六　阿巒

一逗

十七　剛氣有的

漏有的二字

十九　剛氣有的

缺剛字

二十 斡抹黑壇
漏黑字
廿六 四 朶舌刺亦塔兀勒周
漏勒字
十一 中合不勒
葉刻合漏中
十二 斡勤巴剌中合
一逗
十八 中合罕
葉刻罕誤窣
廿七 六 荅舌魯中忽 兀魯孫
各一逗
十四 魯額
應連上
十六 亦舌魯該亦顏

魯漏舌
斡勒抽
勒誤愓
十九 抱膝按着
抱膝誤肐脥
廿八 二 你舌魯兀班
魯漏舌
四 納察
應連上
十一 丢着
誤去着
十六 可溫
一逗 十八行同
廿九 九 不舌里孛可
葉刻線漏

十一　用膝
膝誤滕
三十　一　大典本卷五從本行起
二　豁中亦納
葉刻亦誤赤
八　途兒
應連上
三一　四　不剌阿
應連上
十二　古兒
一逗　下同
十四　額惕
應連上
十八　不恢突兒
恢旁誤中

二十　額捏
一逗
三二　二　額捏
一逗
八　亦舌列罷
列漏舌
十三　豁中舌里歹
葉刻中舌誤高一字
三三　十六　撒兀舌鄰
鄰誤數
十九　下咱
誤下哨
共說
漏共字
二十　不恢突兒

恢誤灰

三四

六 兀禄

一逗

七 誰每有

誰誤護

八 客列

一逗

阿卜抽

漏卜字

客惕 備

漏惕字

十 忙中豁剌察

豁漏中

十二 不亦魯舌黑中罕

漏黑字

忽中禿

忽漏中葉刻線缺

十四 忽中都中合別乞

忽漏中

十五 行了有來

來誤爲

十六 翁失剌勒都周

漏勒字

二十 豁中那罷

豁漏中

三五

一 客魯舌漣

漣漏舌

五 兀惕乞牙

漏惕字

十 古魯舌勒扯周

魯漏舌
把亦（勒）都周
漏勒字
十一　相挪趲
誤相梛
十二　不恢突兒
恢旁誤中
十四　（中）忽都（中）合
合漏中
十五　致風雨
漏致字　十七行同
只他每
漏只字
十六　木（惕）
一逗

二十　阿（惕）
應連上
客額（勒）都額（惕）
漏勒字
三六十四　（中）忽都（中）合別乞
（中）合誤哈
三七　二　（中）合（舌）鄰
合漏中鄰漏舌
四　不塔（舌）剌（黑）荅周
剌漏舌
六　（中）合罕
合漏中
九　到了
葉刻到誤倒
十　古（舌）魯額（惕）

魯漏舌
十二　豁敦斡舌兒長
三十頁豁有中
十四　禿舌剌思壇
剌漏舌
十七　斯殺了
葉刻漏了字
十八　泰亦只兀惕魯阿
缺兀惕二字
二十　額客舌侖
一逗
中合惕中渾勒都周
一逗
孛勒荅周
漏勒字

三八　二　中合惕中渾勒都黑三
渾漏中
失禿勒都周
漏勒字
五　扎營着
扎誤札
十八　帖周
應連上
兀祿
一逗
奄都舌里黑荅舌侖
漏黑字
三九　四　古溫
葉刻誤雙線
八　雪泥

一逗

十四　迭額勒

一逗

十六　禿

應連上

你出裩

裩誤棍

十七　下營了的

葉刻下誤丁

十八　古舌列額列克先

上列漏舌並漏額字

四十

二　額速克

一逗

斡侖

旁缺得字

八　騰格舌理

一逗

十二　只兀舌剌周

剌誤列

十四　兀兀周

漏一兀字

十六　列舌論

應連上

二十　豁兒臣

豁旁中衍

四一

二　豁兒臣

豁旁中衍

八　奄都舌里黑苔舌侖

侖漏舌

十一　嘸的行

葉刻複一的字

十二　阿思中合阿惕

漏惕字

十七　赤裸

裸誤裸

十八　你出裩

裩誤裩

四二　三　赤裸

裸誤裸

四　你出裩

裩誤裩

六　兀中合周

中合誤哈

阿剌牙

一逗

八　中忽卜察孫

缺卜字

十一　說的

缺說字

四三　四　中忽兒班

忽漏中

六　中忽赤兀勒中灰突兒

中灰誤恢

八　阿卜抽

漏卜字

赤

一逗

哈黑抽

黑誤里

十六　斡舌羅兀勒罷

羅漏舌
十八 朶脱舌刺
刺漏舌
四四 十二 如此
誤好些
十四 扯脱
誤拉脱
四五 二 兀都兒
一逗
扯舌里兀惕
里漏舌
六 中合札舌刺察
札誤相
七 忙走了的
漏忙字

十 中豁那黑三
豁漏中
中合札舌刺察
刺漏舌
秣舌驪刺周
驪漏舌
十四 額篋
一逗
二十 帖舌列
一逗
四六 六 兀惕
應連上
阿闌
一逗
八 額舌列宜

一逗
十 帖舌列
一逗
十二 兀詁列額速
兀誤連上
十四 額捏
一逗
二十 扯舌里克
里漏舌
四七 二 亦舌列兀勒周
列漏舌
六 帖迭
一逗
八 鎖兒中罕失舌剌
罕漏中

九 重
葉刻誤種
十 坤都
一逗
斡斡舌魯黑三
衍兀字魯漏舌
十四 土撒 阿主爲
各一逗
二十 額篾
一逗
四八 四 兀禄
一逗
牙阿舌闌
闌漏舌
六 客列連

一逗　義譯説
巴舌剌阿速
義譯了呵
八　勺卜
漏卜字
四九　六　中合勒敦
應連上
不恢突兒
恢旁誤中
八　阿鑾　中察罕
阿鑾一逗
十三　射來
射誤箭
十四　兀窟兀勒迭額速
勒誤惕

十八　超堅　舌潮魯
各一逗
朶卜禿勒周
漏卜字
二十　斡克速
漏克字
闊闊
一逗
五十二　中舌合剌
一逗
八　額捏
一逗
十二　古溫
一逗
十四　阿鑾　中察罕

阿鑾一逗

十六　捏列舌亦惕抽

漏惕字

二十　亦列舌周

列漏舌

元祕史校記卷五

頁	行	正文	校記
一	十	客亦思堅	旁漏刮字
	十八	魯額邊	應連上
		塔兒中忽台乞舌鄰勒禿黑	鄰漏舌
	二十	不恢宜	恢旁誤中
		斡失禿	一逗　失誤旁書
二	六	塔兒中忽台乞舌鄰勒禿吉	漏勒字漏吉字
	七	兒子每	葉刻漏每字
	十二	孛孫	一逗
三	一	殺呵	葉刻呵誤阿
	二	阿剌中忽	一逗
		門	一逗　旁缺只字

阿剌黑荅忽中　古
一逗　古旁缺也字
四　兀窟恢
恢旁誤中
都里舌顏
應連上　十八行同
阿奔
一逗
五　喉嚨
嚨誤龍
六　乞禿中孩
應連下
八　古兒恢突兒
恢旁誤中
十二　阿民

一逗
十四　也乞兀澤
一逗
十五　回去您
漏您字
十八　你敦都里舌顏
線誤分
你兀兒
應連下

四

六　速兒中罕
一逗
八　斡宜
一逗
十四　也客
一逗

五

十七 人名
誤大名
十八 阿民
一逗 二十行同
阿不剌[舌]牙
一逗
十九 性命
缺性字
二 別耶
一逗
四 合[中]里[舌]牙
合[中]誤哈
十 忽[中]禿忽[中]勒訥兀荅
葉刻上忽漏中
十四 圖思

六

俄本思大寫 二十行同
十六 亦列[舌]主爲
一逗
二十 哈闌[舌]
闌漏舌
八 把里[舌]周
一逗
十 兀者額惕
葉刻旁漏看着二字
十二 斡克速
一逗
十八 荅察
應連上
二十 魯額邊
應連上

七 八 斡克速
一逗
十二 亦舌列克撒惕
列漏舌
十八 勺卜
一逗
九 十五 父自的行
葉刻漏自字
十八 阿剌中忽因
一逗
魯阿班
應連上
二十 奔勒中合
中合誤哈
中舌合剌温

中合誤哈
十 一 百人
百誤的
二 札温
一逗
突兒
應連上
四 舌都里顏
應連上
六 舌秣驪剌周
驪漏舌
八 斡古克薛訥
一逗
孛魯勒察中忽
忽漏中

十一　四　阿剌黑荅侖舌

黑誤里

不魯舌兀惕抽

魯漏舌

突兒

應連上　八行同

七　沿

誤沼

十三　駱駝

葉刻駝誤馳

十四　都周

應連上

十六　亦舌列額速

線誤分

十八　魯阿

應連上

塔孩中

一逗　孩漏中

十二　五　養了

了誤子

十三　四　阿合中

一逗

七　怎做

葉刻做誤飲

十　篾兒乞惕

線不全

合中剌舌

十一　剌漏舌

野甸行

漏野甸二字

十四 那都別
一逗
不亦魯(舌)黑
魯漏舌
額赤格
一逗
十八 哈兒班
哈旁誤中
十四 二 阿都兀剌兀侖
都下漏兀字
迓步灰(中)突兒
(中)灰誤恢
四 亦列(舌)罷
列漏舌
八 沐漣(舌)捏

漣漏舌
突兒
應連上
十六 (中)合里温
里旁舌字衍
十五 三 言語每行
漏行字
八 列論(舌)
應連上
斡羅(舌)勒都剌阿
一逗
九 説着
葉刻説誤就
十八 斡羅(舌)兀勒周
羅漏舌

二十　阿亦速灰中突兒
灰中誤恢
十六　四　途兒
應連上
六　合中納
合旁中誤舌
十七　四　那孩中
一逗
十　都灰中因
應連上
歹亦孫
一逗
十二　荅侖舌
一逗
十四　備

一逗
忽中必牙勒都惕
一逗
那闊兒
一逗
十六　都里舌顏
應連上
十八　二　合中惕忽中勒都周
漏惕字
兀勒灰中失魯格勒只惕帖
葉刻灰漏中
七　教絶着
缺教字
八　額兒舌乞惕
葉刻兒旁舌誤中

木忽(中)惕合(中)周
合(中)誤哈
十三 使去着
使誤走
十六 牙兀
一逗
十七 狗兒年
兒旁舌衍
十九 五 大典本卷六從本行起
六 倒鄰
一逗
十 格兒圖兒
一逗
額兒迭
一逗

十四 斡旋勒
一逗
乞散勒
一逗
十六 乞都牙
義譯殺咱
十八 竹克
一逗
額耶
一逗
二十 額徹
應連上
二十六 塔塔兒都里(舌)顏
里漏舌
八 豁(中)兒(舌)合(中)剌黑撒惕

豁漏中漏剌字
十　中豁兒中合剌黑撒惕
豁漏中
十二　撒惕
應連上
十四　都舌里顔
應連上
十八　馬石
一逗
十九　殺
應屬上
廿一　二　札阿中忽因
一逗
六　中合苔納
中合誤哈

八　禿中孩
應連上
十　額耶
一逗
廿二　十二　阿卜罷
葉刻卜字缺點
十六　納苔察
一逗
十八　阿只埃
一逗
廿三　二　撒因
一逗
六　原作別
俄本原作伯
八　額列

一逗
十二 魯額
連上一逗
十四 必荅訥
訥誤納
額（舌）列
一逗
十八 額（惕）
應連上
二十 朶（舌）羅
一逗
廿四 四 合（中）禿泥
缺泥字
十六 倒鄰 你刊
各一逗

廿五 一 嘆息了
了誤子
十 孛（勒）罷
勒誤惕
十四 牙温
一逗
十五 種的
漏的字
十六 帖（舌）列
一逗
十八 古（舌）列干
一逗
廿六 二 阿木兒里罷
一逗
斡欒

一逗
四　荅中忽
應連上
六　歹亦速
一逗
八　果舌嚧舌列
一逗
廿七　四　那中孩
一逗
秣舌驪剌黑三突兒
驪漏舌
六　篾兒乞惕
漏惕字
七　地名往
往誤住

八　也客
一逗
十四　額薛
一逗
廿八　四　突兒
應連上
秣舌驪剌周
驪漏舌
潰中豁黑
葉刻豁旁中誤舌
八　罕中泥
罕漏中
十　兀侖
應連上
忽舌魯兀

魯漏舌
十二 合(中)剌(舌)兀勒
一逗
廿九 五 也廸土卜魯黑
漏卜字
十二 可克薛兀撒卜(舌)剌黑
漏卜字
十四 孛侖
一逗
十六 (中)豁牙兒
葉刻豁漏中
十九 那裏
漏那字
二十 都里(舌)顏
應連上

雪泥
一逗
三十 四 可克薛兀撒卜(舌)剌黑
漏卜字
十 魯阿
應連上
十六 備由
一逗
十七 有
複一有字
十八 (中)豁綽兒罷
應相連
三一 二 把阿禿兒
把誤札
四 兀勒勤

一逗

九　古鄰舌把阿禿兒

葉刻鄰誤都

十一　宿着

漏着字

十二　田迭

田誤由葉刻迭誤送

豁中那周

葉刻豁旁中誤舌

合中惕忽中勒都牙

一逗

十六　土烈食連

一逗

十九　那

誤舌

二十　歌多勒周

漏多字

三二　十一　人名

葉刻漏名字

十二　可克薛兀撒卜剌舌黑

漏卜字

額篋

一逗

二十　豁中牙兒

一逗

三三　二　都舌里顏

應連上

五　可克薛兀撒卜剌舌黑

漏卜字剌漏舌

十二　可克薛古撒卜剌舌合中

古前後文作兀

十四　額篋

一逗

十六　朶兒邊

一逗

三四　四　古兒恢因

恢旁誤中

八　阿卜苔中忽

漏卜字

十　額篋

一逗

十四　額揑　斡敦

各一逗

十六　斡敦

一逗

二十　合中里舌兀勒忽中宜

里漏舌

三五　三　可克薛兀撒卜剌舌黑

漏克字

十四　斡敦

一逗　廿行同

十七　敕了也

了誤着

十八　阿不剌舌主兀

剌漏舌

十九　去了了的

漏一了字

二十　兀魯思

一逗

三六　八　兀該温

一逗
十 兀該
一逗
合黑察
一逗
十一 兀做着
兀誤凡
十二 阿合 豁牙兒
各一逗
十四 速孩
應連上
魯阿
應連上
十六 合剌
一逗

額赤格
一逗 二十行同
二十 魯額
應連上
三七十六 阿荅兒荅阿速
此語並見六卷廿二頁
十七 舌
誤古
十八 兀格
一逗
三八 一 王罕
罕漏中
十一 這般
般下衍間字
十三 上面

上葉刻誤一

二十　斡古耶

一逗

三九　二　兀舌魯黑

魯漏舌　六行同

四　中合舌喇中忽

一逗

七　看有

看誤着

八　中合舌闌

一逗

十　兀禄

一逗

十七　秃撒中合

合漏中

四十一　落後了的行

缺落字

二　帖因

一逗

中合中孩　只勤

各一逗

四　那牙勤

牙誤不

六　你刊

一逗

額耶田

葉刻田誤由

十　兀勤斤

一逗

十一　話有的

話誤詁
十四　阿蠻　額赤格
各一逗
十八　款迭列揑徹
款誤缺
十九　共入我
漏我字
四一　二　帖卜赤周
葉刻漏卜字
六　中合兒荅周
線誤分
闊勒　亦訥
闊勒一逗
十三　甚想呵
漏甚字

十四　牙兀
一逗
四二　五　脱斡舌鄰勒
鄰漏舌
十二　你耶兒
應連上
十六　可兀泥
一逗
薛惕勤
一逗
二十　卯危
一逗
四三　二　迓步荅黑
一逗
四　備由

一逗
六 亦列舌侖
列旁舌衍
八 只赤
一逗
十二 不恢
恢旁誤中
十四 孛勒罕
一逗
十九 下教管麽
缺下字缺麽字
二十 客捏
一逗
四四二 帖舌列
一逗

王中罕
罕漏中
察中合顏
一逗
四 禿舌魯黑
魯漏舌
亦馬阿舌里
一逗
五 宜麽有
宜誤且
六 兀禄
一逗
八 可温
一逗
九 丢着

丢誤去

十四 必荅

一逗

十六 赤丹

一逗

二十 王中罕

罕漏中

四五 十四 木惕

一逗

十六 中忽余

一逗

亦舌列惕坤

一逗 列漏舌

十八 孛勒札周

勒誤惕

田迭

一逗

二十 都周

應連上

四六 二 亦舌列惕坤

一逗

四 札兀舌剌

葉刻剌漏舌

六 中豁那阿速

豁漏中

八 木惕

一逗

十二 哈舌闌

闌漏舌

十四 斡克速

一逗
薛惕乞勒
一逗
十六 斡惕荅中忽
葉刻惕誤勒
中合不兒
一逗
十七 養咱
漏咱字
十八 禿舌魯中合惕
一逗
帖只額耶
一逗
四七二十 把舌里牙
一逗

兀格
一逗
阿勒塔
漏勒字
四八 六 斡惕中忽
惕誤勒
十 牙温
一逗 牙誤才
十二 客列列恢突兒
葉刻線不全
二十 扯舌列訥
葉刻線誤連
四九 三 舌自的行
漏舌字
四 阿卜荅中渾

八　(中)渾誤坤
察(中)合安
(中)合誤哈　十八行同

九　拿着
葉刻着誤有

十　阿卜赤(舌)剌
葉刻漏卜字

十二　秣(舌)驪剌(中)忽
線誤分

十四　馬(中)合惕
一逗　(中)合誤哈

五十四　察(中)合安

十四　(中)合誤哈　下同
忽牙
一逗

十八　(中)豁牙兒
豁漏中

二十　兀該
一逗
把(舌)里牙
一逗

五一七　納(舌)鄰客延
鄰漏舌

元祕史校記卷六

頁	行	正文	校記
			大典本卷七從本卷起
一	六	雪泥	一逗
	八	牙兀	一逗
	十六	帖(舌)列	列漏舌
		兀都兒	一逗
二	四	豁(中)亦納察	豁漏中
	六	阿亦速(中)灰	速誤連
	十	原作伯	葉刻誤原伯伯
	十二	耶兒	應連上
	二十	阿亦速(中)灰突兒	灰漏中
		魯阿	應連上
三	四	荅察	

應連上
六　客惕備
各一逗
八　亦訥
一逗
二　脱斡舌里中灰
一逗　中灰誤恢
脱宜
一逗
十四　禿黑壇
一逗
十六　備
一逗
二十　多卜禿勒中合牙
漏卜字

四

十　也客
一逗
多卜禿來
一逗
十二　帖舌列
一逗
十三　出着
着誤看
十四　斡額舌列
漏額字
十八　額捏
一逗
二十　察黑圖
一逗

五

二　客列

一逗　四行同
斡舌羅兀魯牙
羅漏舌
四　朵舌羅溫
羅漏舌
八　突兒
應連上
客惕　備
各一逗
二十　也客
一逗
中豁勒
豁漏中
客額勒都罷
都誤耶

六

六　那可兒
一逗
牙兀
一逗
十　赤納舌魯
一逗　魯漏舌
不
一逗
十三　去處
誤處去
二十　王中罕
罕漏中

七

一　土綿
葉刻土誤士
八　札木中合

葉刻合漏中
十四 主兒扯歹
葉刻主誤王
莽來刺牙
一逗
十八 抹那
一逗
八
二 兀舌魯兀惕
魯漏舌
六 中豁牙兒
豁漏中
十 亦舌列恢魯額
葉刻恢旁誤中
二十 額舌里顏
應連上

荅舌魯罷
魯漏舌
九
一 教動着
漏着字
二 阿亦速中灰突兒
中灰誤恢　六行十行同
十 納察
應連上
十八 阿泥
一逗
二十 中忽亦勒荅舌里
里漏舌
十四 中合札舌刺察
刺漏舌
六 中豁那罷

谿漏中

八 中忽亦勒荅兒

葉刻兒旁誤中

十三 中王罕

罕漏中

十四 中忽亦勒荅兒

葉刻線漏

十一 一 中王罕

罕漏中

六 中忽兒班 兀該

各一逗

八 魯額

應連上

十 阿周 牙兀

各一逗

十二 阿黑驌昔顏

漏黑字

十八 你刊

一逗

十二 六 罷

應連上

多卜禿勒中灰突兒

中灰誤恢

八 迓步中罕

罕漏中

十 擺亦中灰

中灰誤恢

十二 客別里兀勒周

線誤分

十四 途兒

應連上
十六 合(中)魯(舌)(黑)三
魯漏舌
十三 十 巴撒 你刊
各一逗
阿亦速
一逗
十四 合(中)(黑)察
一逗
篋圖 亦連(舌)
各一逗
十六 因
應連上
豁(中)亦納察
豁漏中

十九 被射着
射誤著
二十 赤孫
一逗
孛(舌)羅(中)忽(勒)
忽誤思
十四 六 出不(舌)里兀(勒)周
葉刻勒誤惕
九 教與着
與誤了
十 客額周
一逗
十二 嗚詰列(舌)論
論漏舌
十四 忽剌安孛魯合(中)(惕)

一逗
十五　二　合(中)惕忽(中)勒都惕
一逗
浯泐灰(中)
應連下
三　水名
二字複
二十　合(中)合(中)思
一逗
兀格
一逗
十六　二　昂格思格
一逗
四　迭額列(舌)
一逗

八　合(中)勒忽(中)由　合(中)勒渾(中)
各一逗
十　途兒
應連上
十四　不古　可兀
各一逗
二十　魯阿
應連上　下同
必丹突兒
一逗
十七　二　魯額
應連上
合(中)阿
一逗
四　帖迭

一逗
五　馬的
漏的字
六　准荅兀勒
一逗
七　他每行
葉刻漏行字
八　阿卜赤剌舌惕
一逗　漏卜字
十　額捏　帖因
各一逗
十三　說了
葉刻說誤就
十八　六　中合渤中合
葉刻作勒

十　中豁牙兒　你刊
各一逗
敏中干
干漏中　十四行同
十二　中忽兒班
一逗　十四行同
十八　阿亦速中灰突兒
中灰誤恢
迓步中灰突兒
中灰誤恢
十九　二　兀禄
一逗
孛侖
侖旁舌衍葉刻誤中
忽克迭舌列周

忽旁中衍
六　牙孫
一逗
十八　備
一逗
十九　種　領着
缺種字
二十　兀舌魯兀
魯漏舌
二十四　額勒薛惕
一逗
不勒中合
一逗
中合惕中忽勒都惕
一逗

八　牙兀
一逗
十七　種行
行誤的
十八　統格中豁舌羅中合
羅漏舌
廿一二　倒兀
一逗
四　額別孫
一逗
五　筋節了
筋誤舫
六　嗚詁列　客延
嗚詁列一逗
十　卯溫

一逗　下同
十一　教怕了
漏了字
十二　訥亦兒
一逗
阿余兀魯罷
漏罷字
撒兀(中)灰
(中)灰誤恢
十四　(中)合兒(中)灰
(中)灰誤恢
十六　額赤格
一逗
十八　款迭列都曲
曲誤由

二十　(中)豁牙兒
豁漏中
廿二　四　額速
應連上
六　突兒
應連上
不
一逗
十八　額赤格
一逗
啜延
一逗　啜誤輟
二十　卯危
一逗
廿三　六　(舌)帖列

一逗　十行同
赤訥
一逗
十四　朶臣　阿中合
各一逗
十六　孛勒主兀
一逗
孛侖
一逗
十八　阿剌罷　者
各一逗
廿四　二　中罕突兒
葉刻罕滿中
斡舌羅主兀
一逗

四　阿剌黑赤
一逗
阿巴中合
一逗
六　札溫
一逗
十　石兒中忽勒苔罷
一逗
十六　亦舌列額速
一逗
十八　阿不舌剌周
葉刻剌滿舌
二十　帖因
一逗
廿五　四　斡克速

一逗

六　不坤

坤誤渾(中)

(中)合申

一逗

忽(勒)迭周

漏勒字

八　斡(克)罷

一逗　漏克字

田迭徹

一逗

十　(中)合剌(舌)

一逗

(中)罕

漏中

十三　還報

葉刻誤返報

十四　赤訥

一逗

十八　阿主兀　帖兀訥

各一逗

廿六一　來呵

來誤米

四　啜延

一逗

五　去了也者

缺去字

垂

一逗

六　斡(惕)罷

一逗
八　你刊
一逗
納察
應連上
十　牙怛周
怛葉刻作坦
十四　亦舌列罷
列漏舌
十六　阿亦速
一逗
二十　都克薛訥
應連上
中豁牙舌里
一逗

廿七　六　勺魯中合勒都罷
一逗
八　兀舌里都
里漏舌
十　中舌合剌
一逗
十二　兀魯兀
一逗
十六　罷原作別
俄本罷原作伯
納木兒
一逗
廿八　四　斡兒朶
一逗
中罕

漏中
六 斡克罷
一逗
兀都兒
七 一逗
教到也者
複一也字
八 古兒格罷
一逗 十行同
十二 兀速納察
納旁舌衍
忽勒迭周
忽旁中衍
十六 阿不埃
一逗

十八 闊克薛兀撒卜舌剌黑
漏卜字
二十 兀迭石
一逗
馬納合中舌魯
一逗
廿九 六 歌多勒罷
一逗
十 土烈失連
一逗
十四 客額舌列
旁缺野甸行三字
保兀罷
一逗
可克薛兀撒卜舌剌黑

漏卜字
十六 額篾
一逗
十八 阿馬撒舌剌
舌剌誤連下
三十二 因
應連上
四 巴舌里顏
應連上
帖舌列
列漏舌
五 反着
誤入着
八 歌多勒主爲
一逗

米訥
一逗
可克薛兀撒卜剌中合
漏卜字
十 可温
一逗
朶兒邊
一逗
十二 的顏
應連上
亦舌列 客額周
亦舌列一逗
赤訥 兀禄
各一逗
十三 那裏我

缺我字

十四 田迭

一逗

十六 曲魯兀的耶里舌顏

里漏舌

十八 朶兒邊 曲魯兀敦

各一逗

忽刺安忽中惕荅

下忽旁中誤舌

二十 秣驪舌訥安

驪漏舌

阿卜荅忽中

一逗

三一 二 不恢突兒

恢旁誤中

朶兒邊

一逗

四 額篾

一逗

五 救着

誤救了

十 亦列周

列旁舌衍葉刻誤刺舌

十二 叱馬兒圖兒

一逗

十三 怪責的

葉刻漏的字

十四 叱馬惕罷

一逗

亦列

列旁舌衍　下及十六行同
十六　額薛
一逗
三二　十　中忽兒察中忽思不亦舌魯黑
葉刻線不全
十六　忽札兀兒兀真
札誤礼
三三　七　拜荅舌刺黑別勒赤舌列
刺漏舌
可克薛兀撒卜舌刺黑
刺漏舌　九行同
十四　唉莎亦魯黑
亦俄本作赤
十六　中合中合察中忽
一逗

脱舌劣迭徹
劣漏舌
希舌離者古
一逗
二十　薛惕乞額速
惕誤勒葉刻誤克
三四　二　額捏
一逗
四　失吉
一逗
乞禿中孩巴兒
線不全
六　赤孫
一逗
可兀捏

一逗
十六 嗚詁列 客延
嗚詁列一逗
十八 兀瞻
一逗
二十 充
一逗
三五 二 柰亦荅罷
一逗葉刻作奈
四 把（舌）剌惕渾（中）
渾俄本作罕（中）
客堆
一逗
六 （中）豁（舌）羅（中）渾
一逗

八 嗚詁列 客延
嗚詁列一逗
十 格速
一逗
十四 孛勒
一逗 十八行同
孛勒罷
一逗 十八行同
十五 住來的
葉刻住誤往
十八 阿兒
應連上
二十 （舌）列額徹
應連上
可溫

一逗

三六　二　牙荅罷

一逗

四　孛魯惕渾中

坤應作渾中義譯做您

塔納

一逗

六　迓步罷

一逗

斡欒

一逗

八　突兒

應連上

十二　合中兒含中

含中誤合中

不列額

一逗　十六二十行同

十六　合中

一逗

你客帖列

一逗

十八　忽中牙

一逗

二十　客額里

一逗

三七　二　不列額

一逗

五　恐被説　您

葉刻缺您字

六　客額克迭兀者

一逗
禿魯(舌)黑
一逗
八　客揑
一逗
十五　(中)忽察兒
忽漏中　下同
十七　(中)忽禿剌
忽漏中
三八　五　説麽道
漏道字
六　嗚詁列　客延
嗚詁列一逗
十　亦(舌)列罷
一逗

十二　孛斡侖
一逗
十五　的子
漏子字
十六　也該(中)晃塔(中舌)合侖
綫誤分
十七　百姓每
葉刻漏每字
十八　斡克速
一逗
二十　客揑
一逗
三九　二　備由
一逗
四　額閭迭訥

閪誤閃

八　察剌舌孩中領忽中

剌漏舌孩漏中

十一　也該晃中脱合中兒

晃漏中

十二　王罕中

線漏

十七　赤裸

裸誤裸

十八　朶劣舌克先

一逗

阿主兀

一逗　二十行同

你出裩

裩誤裩中字衍

四十四　忽勒迭罷

一逗　忽旁中衍

十　兀禄

一逗

十八　豁中牙侖舌

葉刻豁漏中

四一　四　豁中牙兒

一逗　六行八行同

亦列

列旁舌衍

八　亦列　客延

亦列一逗

九　兩箇行

漏行字

十二　擣兀

一逗
兀格思
一逗
十八　安荅
一逗
四二
四　兀格思
一逗
七　教肥了着
葉刻着誤看
八　兀該　備
各一逗
十　納察
應連上
合中里舌灰中突兒
里漏舌葉刻灰漏中

十二　訥　突兒
均應連上
二十　兒子
兒旁舌衍
四三
十六　斡都阿惕
惕誤勒
二十　兀赤舌剌勒都罷
剌漏舌
原作伯
葉刻缺作字
兀禄
一逗
四四
四　察中罕
罕漏中
十八　巴泐渚納

線不全
不恢突兒
恢旁誤中
二十 額篾
一逗
四五 二 啜延
一逗
四 阿合(中)余安
一逗
八 亦咥周
咥作經
十二 亦列牙
一逗
十六 兀格　嗚詁列(惕)坤
各一逗

二十 哈兀魯(中)合
上哈旁誤中
四六 四 迭(舌)列禿
列漏舌
額篾
一逗
六 額赤格突兒
一逗
十八 納浯(舌)剌察
剌漏舌
四七 二 阿兒　迭
均應連上
十九 客魯(舌)漣
葉刻漣漏舌
四八 六 阿(勒)壇

一逗

七 言語裏

缺言字

十四 孛(勒)札(勒)

一逗

十六 合(中)鄰(舌)

葉刻鄰漏舌

十七 人名的

葉刻缺的字

二十 (中)豁亦納温

葉刻豁漏中

四九 三 梢頭行

梢誤捎

十 突兒

應連上 十二行同

十六 客列列(勒)敦

葉刻勒誤惕

五十 五 察(中)忽兒(中)罕

罕漏中

十 (中)合罕納

葉刻納誤訥

十二 格捏(惕)

一逗

十三 兼行着

複兼行二字

二十 不恢突兒

恢旁誤中

五一 八 訥

應連上

十九 言語行

葉刻缺行字

二十　古出

一逗

把阿秃舌侖

線不全

五二　六　兀禄兀

一逗

八　兀窟兀舌侖

侖漏舌

把阿秃舌里

線不全

十　泥

應連上

亦訥

一逗

十二　訥温

一逗

十四　斡勤

一逗

五三　九　中合里兀荅兒

葉刻線不全

十一　阿兒中孩

孩漏中

元祕史校記卷七

頁	行	正文	校記
			大典本卷八從本卷起
一	四	竹克	一逗
	八	你刊	一逗
	十	訥	應連上
	十三	要了的	漏的字
二	二	乞勒昆	一逗
	十四	阿勒壇	一逗
	十六	阿牙中合	一逗
	十八	中合舌闌	中合誤哈
三	二	突兒	應連上
	四	斡勒札	一逗
	十四	多舌來亦荅兀勒周	

漏亦字
十六 古兒罷
一逗
抹納
一逗
十八 額捏
一逗
二十 兀藍
一逗
四 二 客捏
一逗
八 塔剌兀勒罷
一逗
赤速禿
一逗

五 二 客舌列亦惕
列漏舌
十二 突兒
應連上
十八 兀禄
一逗
六 十四 斡敦
一逗
十八 備由
一逗
二十 額篾
一逗
七 二 客額克迭宜
一逗
四 兀孫

九

六 一逗
阿卜
一逗
八 斡斡魯舌阿惕
漏一斡字
十 突兒
應連上
六 豁中里舌速別赤
葉刻豁漏中
十 察罕中
一逗 罕漏中
十四 帖因
一逗
亦捏額主兀
漏額字

十六 客木客魯舌
葉刻木誤不
格赤乞列兀勒主爲
葉刻漏勒字
十八 可克薛兀撒卜剌舌黑
漏卜字
罕中
一逗
二十 亦訥
一逗
十二 客木格里舌惕
木誤不
勺乞灰中
灰中誤恢 下同

四 卯危
一逗
六 額舌列
一逗
八 唉亦
十三頁譯歎聲
十四 中忽察勒
一逗
二十 額兒點 兀該
各一逗
嗚詁列舌論
論漏舌
十一 二 啜額客惕
義譯少每
忙中豁勒

一逗
十 格舌列田
一逗
十二 中豁牙兒 備
各一逗 下同
十三 去着
誤與着
十八 忙中豁勒
豁漏中
二十 中豁羅
一逗
十二 八 牙兀壇
一逗
中豁兒
一逗

十四 王中罕
罕漏中
十五 可克薛兀撒卜舌剌黑
剌漏舌漏黑
十三 十四 也客
一逗
嗚詁列惕
一逗
十六 可克薛兀撒卜舌剌中合
漏卜字
十八 捏舌列禿
一逗
二十 忙中豁勒
一逗
十四 二 中合兒

一逗
四 中豁兒
一逗
八 中合兒 兀禄
各一逗
十 月中忽難
葉刻忽漏中
十六 額朵額
一逗
二十 勺卜
一逗
十五 四 亦列克先
列旁舌衍
額捏
一逗

六　阿把
一逗
八　客兒（舌）　義譯怎
乞坤　義譯做
乞坤下漏必荅二字
義譯咱每
十　禿魯（舌）合（中）（惕）
一逗
十六　塔兒忽（中）（惕）
一逗
十六　二　土撒
一逗
豁（中）兒
一逗
四　魯額邊

應連上
兀祿兀　撒因
各一逗
八　額捏　也客
各一逗
十二　阿訥
一逗
十四　斡兒朶
一逗
十八　木（惕）　也客
各一逗
十七　三　可（克）薛兀撒（卜）刺（舌）（黑）
刺漏舌
十八　二　額捏
一逗

四 阿把

一逗

八 敏中合訥 札兀訥

各一逗

十 哈兒巴訥

哈旁誤中 十八行同

十九二 斡舌羅兀魯舌侖

魯旁舌衍 四行同

六 別耶

一逗

十二 客失克田

葉刻田誤曰

十六 魯阿

應連上

二十七 中忽都思中合勒溽

忽漏中葉刻線誤連上

十一 日

葉刻誤口

十四 納舌闌

一逗

十六 雪泥

一逗

十八 突兒

應連上

十九 散班的

散班作宿衛

廿一四 突兒

應連上

六 都舌里顏

應連上

十八　斡羅(舌)兀勒周
羅漏舌
阿兒(舌)孩(中)合(中)撒剌(舌)
合旁漏中
廿二　二　突兒
應連上
七　自己的
漏己字
十　哈兒班
哈旁誤中
十四　客魯(舌)漣
漣漏舌
廿三　二　合(中)喇(舌)兀剌
義譯哨望的行
十　都剌(舌)惕合(中)侖(舌)

葉刻侖旁舌誤中
必丹
一逗
啜延
一逗　下同
十四　迭勒堅
一逗
十六　土屯
一逗
十七　虛驚咱
漏咱字
二十　合(中)魯(舌)黑三
一逗
廿四　二　察都木
一逗

十二　札撒黑
一逗
十八　合(中)勒
一逗
二十　合(中)勒壇
一逗
廿五　二　突兒
應連上
卯兀罕(中)
葉刻罕誤突
六　途兒
應連上
温都侖(舌)
一逗
八　合(中)勒壇

十　一逗
忽(中)必來
忽漏中
廿六　八　額揑
一逗
古兒格兀魯額惕
葉刻缺惕字
十二　忙豁(中)勒
葉刻豁旁中誤舌
十四　含(中)禿敦
一逗　十六行同
合(中)合(中)察灰(中)
灰(中)誤恢
二十　忙豁(中)勒
豁漏中

廿七　一　騙馬每
葉刻騙誤騙
二　突兒
應連上
十　塔兒中忽惕
一逗
廿八　二　坤都
一逗
六　亦舌列主爲
列漏舌
十二　嗚詁列克迭周
漏克字
十四　阿剌勒都中灰
中灰誤恢
十六　不

一逗
十八　中合中合察中灰
中灰誤恢
別兒客　備
各一逗
二十　朶舌羅
一逗　葉刻羅漏舌
也客
一逗
廿九　三　騙馬的
葉刻騙誤騙
八　牙荅中灰宜
中灰誤恢
十八　備
一逗

二十　篋圖　額列
各一逗
三十二十　可克薛兀撒卜剌舌黑
剌漏舌
三一　六　備由
一逗
十　忽舌魯兀
魯漏舌
十六　古兒格額速
線不全
二十　孛魯木
一逗
三二　四　扯舌里克
一逗
六　納兀舌兒

一逗
合中惕中忽勒都阿
惕誤勒
十　豁中勒
一逗
十二　察乞舌兒馬兀苔察
線不全
十六　忽勒苔額惕
忽旁中衍
十八　也客
一逗
二十　古舌兒恢宜
線誤分恢旁誤中　槧本同
三三　二　魯阿
應連上

扯舌里克
一逗
六　斡欒　中豁你惕
各一逗
八　額迭　牙兀惕
各一逗
十四　阿中忽
一逗　槧本同
十六　忽勒迭周
忽旁中衍
帖迭　備者
各一逗
二十　帖木兒　兀勒都
各一逗
克

一逗　槧本同
三四　二　哈舌剌訥
哈中誤合
四　古兀訥
一逗　槧本同
十　客惕
一逗
十二　朶舌兒邊
一逗
十六　阿屼剌
屼中誤兀　槧本同
十八　阿三
一逗
三五　二　阿撒黑出兀
漏黑字

十　額舌列宜
列漏舌
脫那黑
一逗
十二　忽勒迭周
忽旁中衍
兀卜
一逗　槧本同
兀魯舌兀惕
漏惕字
二十　多羅舌木只阿察
木誤勒
三六　六　虔
一逗
十　古卜臣

一逗　漏卜字
十二　綽羅
一逗
十六　失鴇温
一逗
十八　兀者別余兀
一逗
三七　十　虔
一逗
十二　阿撒黑罷
缺黑字線誤分
你刊
一逗
十四　忽中兒班
一逗

十八 不合（中）
一逗
阿亦速
一逗
二十 豁（中）脱剌宜
葉刻豁漏中
豁（中）斡來都（舌）里顔
葉刻豁漏中
三八 一 被碍有
葉刻有誤着
二 古ト臣
一逗
三 怒呵
呵誤可
六 哈兒班

哈旁誤中
哈（舌）剌泥
哈誤合
八 合（中）兒鏷由
由誤田
客禿思
一逗
十四 也孫
一逗
十七 生了的
漏的字
二十 備由
一逗
三九 七 問
葉刻誤間

十　虔
　一逗
十二　你勒中合
　一逗
十五　落後有
　葉刻缺有字
十六　中豁綽舌魯由
　葉刻豁漏中
　中豁綽舌魯由
　魯誤荅
四十　十四　連別額台
　漏額字
十七　槍刀
　葉刻誤搶刀
二十　札木中合

　合漏中
四一　十五　斡惕赤斤
　漏惕字　俄本誤同
四二　四　亦惕抽
　應連上
五　教入着
　入誤人
十四　突兒
　應連上
十六　兀該温
　一逗
四三　四　中忽剌惕抽
　惕誤勒
六　牙速
　一逗

八 渾只兀

續二卷廿頁義譯爛木

十四 癸邋扯克迭侖舌

侖漏舌

四四 二 田迭

一逗

二十 中合塔斤

合漏中塔作荅

四五 四 中忽中鱸合納

一逗

十二 魯額邊

應連上

啜延

一逗

四六十二 赤馬宜 斡乞

各一逗

十八 突兒

應連上

四七 八 也客 那顏

各一逗

十 中合罕納

葉刻納誤訥

十六 兀赤剌舌中灰

中灰誤恢

二十 額赤格

一逗

四八 六 兀該 備

各一逗

中合察兒

一逗

八 合(中)兒含(中)

一逗

十 阿木

一逗

十二 兀窟速

一逗

四九十一 納牙

葉刻線漏

五十三 忽(中)闌

忽漏中

元祕史校記卷八

校記：大典本卷九從本卷起

頁	行	正文	校記
一	六	也客	一逗
	十六	鎖兒(中)罕失(舌)剌	罕漏中刺漏舌
二	六	亦牙兒	義譯依着
	十八	失把因	一逗
三	六	(中)含禿惕抽	葉刻(中)含誤(中)合
	十二	客禿侖	一逗
	十六	垂　(舌)沐洌捏	垂一逗垂誤乘捏誤尫
	十八	突兒	應連上
	二十	(中)合惕	六頁作(中)合勒
四	四	亦牙兒	應連上
	六	突兒	

應連上

五

十　札兒里黑
里旁舌衍

十九　勝了
葉刻漏了字

二　屯荅合中
一逗

四　竹克
一逗

七　忽都中
忽漏中　十八行同

十七　合剌乞塔中舌
剌漏舌

十八　康里中
康漏中

六

三　太祖
葉刻太誤大

四　合罕中
合漏中
孛魯侖舌
侖漏舌

六　帖木兒
一逗
忽都中
忽漏中　十二行同

十一　把話時
葉刻話誤詁

十二　擣兀
一逗

二十　突兒

應連上

七　六　兀禄兀

誤不禄兀

八　孛勒周

漏勒字

十四　斡兒堅

一逗

十八　（中）合亦（舌）剌剌惕（中）渾

漏惕字

古捏速邊

一逗

二十　禿（舌）侖

一逗

（中）合亦（舌）剌剌阿速

葉刻合漏中

八　二　古捏孫　（舌）巴闌

各一逗

四　斡欒　備

各一逗

八　客木

一逗

十八　札撒勒都周

綫誤分

九　二　札撒黑荅巴黑撒的

札撒黑　一逗

六　亦列惕坤

列旁舌衍

十　沐（舌）洌訥

洌漏舌

塔

一逗
十四　蒙客
一逗
十八　突兒
應連上
二十　牙溫　田迭
各一逗
格惕坤
坤誤沖
十　十　阿鑾
一逗
十四　帖舌列格
列漏舌
十八　中豁羅　別兒
中豁羅一逗葉刻別誤列

十一　一　亦協額克迭梅
一逗
四　中忽都
忽漏中
十二　一　教窮極了呵
漏了字
二　木中忽惕中罕
一逗
三　一同
葉刻一字缺
四　魯阿
應連上
塔奔
一逗
五　劫賊

漏賊字

十四　米中合

一逗

不恢

一逗

十六　突兒

應連上

二十　中合罕

線漏

中合舌剌

一逗

十三二　突舌里顏

應連上

四　中合罕

一逗

六　舌孛羅

一逗

七　家人

葉刻誤冢人

八　不敦

一逗

十　孛黑苔

一逗

牙兀

一逗

十四　圖思

一逗　十八行同

十六　帖亦門

一逗

十四十　乞勒昆

一逗
十二 薛惕乞木
一逗
中含圖
一逗
十八 安荅
一逗
二十 兀年
兀誤元
十五八 中合剌中合勒只惕
一逗
額列惕
六卷一頁義譯沙磧
十二 備
一逗

十八 孛勒主爲
一逗
十七二 魯阿
應連上
升格恢
恢旁誤中
六 阿黑荅主兀
一逗
十二 中合舌剌
一逗
中合兀勒荅中灰阿察
中灰誤恢
十四 迓步罷
一逗
十六 兀馬兒塔中忽

漏兒字
十八　忽刺安
一逗
十八　二　迓步罷
一逗
四　那可扯恢
恢旁誤中
八　合中里舌
一逗
九　位子
子誤了
十二　牙温
一逗
十四　突兒
應連上

十七　蝨子
誤虱子
十九　二　薛惕乞古
一逗
孛侖
侖旁舌衍
六　升格恢
升誤外恢旁誤中
八　古兒別
一逗
薛禪
一逗
九　技能有的每
葉刻漏每字
十　脱舌列周

列漏舌
十四　許列克迭罷
一逗
罷原作別
漏原字
二十二　許列克迭罷
一逗
四　阿木木
一逗
八　阿剌兀勒
一逗
斡魯克
一逗
十　額兀舌列
列誤剌

兀魯舌中渾
渾漏中
十二　孛魯由
一逗
十六　荅魯舌黑荅罷
一逗
廿一六　阿鑾
一逗
八　中豁兒
豁漏中
十　莎那思荅罷
一逗
速兒荅中忽
忽漏中
門

一逗

十六　古温

一逗

馬中合

中合誤哈

廿二　二　安荅

一逗

不勒中合

一逗

八　阿民

一逗

十　孛勒罷

一逗

十四　嗚詁列額惕

衍客字

十六　亦列　不

各一逗

十九　教過去着

誤過去了着

廿三　八　你又

又誤人

廿四　六　也孫

一逗

八　察中合安

一逗

十　田迭

一逗　十四行同

十二　古出魯克

葉刻誤單線

十五　整治了着

葉刻漏着字

十六　只卜失耶侖(舌)

一逗

廿五　二　敏(中)合敦　那牙(惕)

各一逗

八　失吉(中)忽禿(中)忽

忽均漏中下忽字誤連下

十　忽(中)亦(勒)荅兒

葉刻忽漏中

十六　斡(舌)羅納兒台

應連上爲一人名

十八　余魯(舌)罕(中)

九卷七頁有禿魯(舌)罕(中)

二十　哈(勒)札

連上爲一人　俄本作合(中)

廿六　四　脱歡　帖木兒

是二人名

八　脱卜撒合(中)

漏卜字

十　輕吉牙歹

葉刻輕誤輊

十八　忽(中)里(舌)古列(舌)堅

應連上爲一人名

廿七　十二　捏(舌)列亦都(克)薛(惕)

漏亦字

也(舌)連

一逗

敏(中)合敦

一逗

十八　亦列禿該

列旁舌衍
二十 格兒
一逗
廿八 二 兀舌里舌刺
一逗
十六 薛惕乞罷
一逗
廿九 二 格惕乞罷
一逗
四 斡思格罷
一逗 六行同
十一 第六
葉刻第誤弟
十二 不速兀
一逗

十六 忽中必刺勒都周
缺周字
也孫
一逗
十八 突兒
應連上
阿勒荅禿中孩
孩漏中
二十 古兒
一逗
三十 四 古兒
一逗 十四行廿行同
六 亦思該
一逗
八 赤舌里扯兀勒周

赤俄本作亦

十 虔

一逗

十六 忽中荅里

一逗

三一 四 闊闊

一逗 八行同

兀魯舌渾中

渾旁誤舌

十 迭卜帖兒列克薛泥

線誤分

十七 城子

城誤成

三三 八 脱列舌勒都克先

脱誤説

十二 阿主兀

一逗

二十 不恢

一逗

忽刺命 不恢

各一逗

三四 二 突兒

應連上 八行同

不列埃

一逗

撒亦

一逗

五 恩 想着

恩誤思

六 土撒

一逗

十 莎余兒(中)合勒

漏勒字

十六 當在

誤常在

三五

葉刻此頁誤爲三十六頁

二 失兒(中)合

一逗　葉刻誤連下

乃蠻

一逗

四 阿亦速(中)灰突兒

(中)灰誤恢

六 勺勒(中)合勒都罷

一逗

七 家裏

葉刻或缺裏字

八 阿亦速(中)灰

(中)灰誤恢

十 撒安

一逗

十四 斡(舌)羅黑

一逗

三六

葉刻此頁誤爲三十七頁

四 古(舌)魯額速

魯漏舌

五 將來了

將誤時

六 阿卜(舌)赤剌罷

一逗

九 甚知着

葉刻缺着字
十 牙兀
一逗
十二 曲魯吉耶兒
吉誤舌
那可扯罷
一逗
十六 孛闊禿兒
一逗
十八 孛羅舌
一逗
三七
葉刻此頁誤爲三十五頁
一 共繞了也者
葉刻漏者字
二 中忽赤勒都罷

一逗
六 失禿額列勒都周
列誤額
中豁那阿速
葉刻豁漏中
十 那亦兒
一逗
十二 中忽舌剌 兀禄
各一逗忽漏中
十八 阿主兀
一逗
不速
一逗
三八
一 直行了
葉刻直誤一

二　勺卜
漏卜字
不魯舌兀宜
一逗
三　教到了
漏了字
六　也孫
一逗
阿勒荅勒突兒
缺下勒字
八　不
一逗
十　土綿
一逗
三九
五　你的
的誤約
十二　迭卜薛古
漏卜字
十八　兀格
一逗
十九　子孫行
行誤好
四十
二　古舌兒　亦兒格訥
古舌兒一逗
三　名分　與了
葉刻與了二字缺
四　木中合黎
葉刻合漏中
十　忽中禿剌
忽漏中葉刻線誤連下

十二　古温中豁阿
豁漏中
十六　中豁兒赤
葉刻豁漏中
十八　不恢額徹
恢旁誤中
那卜失勤都周
漏卜字
二十　闊卜失勤都周
漏卜字
年都
一逗
四一
二　迓步罷
一逗
四　莊

一逗
六　忽中嗔
一逗　十二行同
八　勺卜
一逗
十　撒因　斡乞
撒因一逗
十二　阿卜
缺卜字
十四　中忽兒班
一逗
十八　土篾
一逗
十九　水名
漏名字

四二　八　額因
一逗
十一　中豁兒赤
豁漏中
十五　巴阿舌里
里漏舌
四三　大典本卷十從本頁起
四　中合剌中合勒只惕
一逗　葉刻旁線誤
額列惕
義譯沙磧
六　不忺突兒
忺旁誤中
阿勒荅罷
一逗

八　委亦列惕罷
一逗
十　多卜禿勒周
葉刻漏卜字
十二　中敏罕
一逗
十四　也客
一逗
十六　昂格思格
一逗
二十　捏格克迭罷
一逗
四四　二　馬中合
一逗
四　帖舌列　孛勒罷

各一逗

十 古兒罷

一逗

二十 不桑合中黑荅罷

線誤分

四五 六 阿主兀

一逗

八 歹亦孫

一逗

十 合中合中潺

一逗

十二 額主兀

應連上

十六 額捏 備

各一逗

十八 兀窟勒都恢

恢旁誤中

二十 亦巴合中別乞

合中誤哈

四六 六 客額罷

一逗

十 也客

一逗

十四 歹亦孫

一逗

十八 脱劣舌

一逗

二十 抹那

一逗

四七 一 恩做了的

漏了字
二　斡舌羅　額捏
各一逗
土撒　脱舌列
各一逗
四　不失
一逗
六　斡羅

一逗
十　中豁牙兒
一逗　十二行同
十八　你刊　斡克抽
各一逗
阿不阿惕
缺惕字
四八 九　中忽亦勒苔兒
忽漏中

元祕史校記卷九

頁	行	正文	校記
一	六	斡克罷	一逗
	八	速別格台	格十六行作額
	十	薛惕乞克先突兒	漏惕字
	十二	古兒	一逗
		古舌魯	一逗
	十四	合中荅	一逗
		赤剌兀泥	赤誤亦
	十六	阿伯　者	各一逗
	二十	赤剌温	一逗
二	十	扯舌里昆	里漏舌
	十六	勺卜　備	各一逗

二十 抹那
一逗
兀合（中）愓
一逗
三 十八 合剌（中舌）
一逗 廿行同
堅都
一逗
格格延
一逗
二十 耨兀恢突兒
恢旁誤中
額薛
一逗
四 一 歹人一同

漏歹字
二 温只恢突兒
恢旁誤中
孛速
一逗
四 斡失禿
一逗
魯額
應連上
六 豁（中）牙（舌）剌察
葉刻豁漏中 十行同
八 額耶
一逗
十 豁（中）牙（舌）兒
豁漏中

五

十二　備
一逗
十四　土篾訥
一逗
十六　忽(中)難
葉刻忽漏中
二十　撒你顔
應連上
二　朶兒邊　備
各一逗
四　日裏
日誤白
八　額不干
葉刻干誤千
十六　迭里温

一逗
孛(勒)苔(中)合
續二卷末頁譯孤山行

六

十八　脱(舌)列恢突兒
恢旁誤中
不䯊(中)罕
十九　做伴
一逗
葉刻做誤倣
二　孛(勒)罷
一逗
土撒
一逗
四　斡欒　備
各一逗

脱舌列恢魯額
恢旁誤中
六 斡思恢魯額
恢旁誤中
不䑋中罕
一逗
七 六 迭徹
應連上
十 斡克罷
一逗
十六 阿中忽
一逗
二十 脱舌魯中罕
魯漏舌罕漏中
八 六 敞失兀惕

葉刻敞誤敝
十 脱斡舌里罷
里漏舌
合中合中察罷
一逗
十二 闊亦田
田誤由
十四 迓步罷
一逗
十八 阿中合
一逗
九 二 阿中合
一逗 四行同
十 塔
一逗 十六行同

十二 額帖額惕
葉刻漏惕字
十四 兀禄
一逗
十 四 坤
應連上
八 魯阿
應連上
禿卜連
一逗
十一 蒙格禿乞顏
線漏
十二 敞失兀惕
敞誤敝
十一 二 孛羅舌忽中剌

葉刻線不全羅漏舌
額客
一逗
六 阿察
應連上
八 都舌里顏
應連上
十 魯額
應連上
十三 教做着
着誤者
十六 帖只額罷
一逗
十二 一 雨夜
誤兩夜

四　中豁那兀勒罷
一逗　六行同
不恢
一逗
六　暑漣
一逗
十　斡雪勒
一逗
乞撒勒
一逗
十二　突兒
應連上
十四　乞中都灰突兒
灰漏中
十八　亦舌列周

列漏舌
二十　備由
一逗
十三　三　梢頭
梢誤稍
四　塔奔
一逗
十六　巴舌剌罷
剌漏舌
二十　因
應連上
十四　一　綀椎
椎誤推
手教自的行
手誤連上

四 不恢 中合兒
各一逗
六 格舌侖
侖漏舌
十四 速客別兒
葉刻別誤列
二十 都額速
應連上
十五 四 額箴
一逗
也琴
一逗
六 突兒
應連上 十八行同
八 備

一逗
十 塔
一逗
亦舌列坤
列漏舌
十七 來間
間誤聞
二十 兀祿兀
一逗
嗚詁連
一逗
十六 四 孛舌羅中忽勒
羅漏舌
十三 口教自的行
漏口字

十四 豁中那勒都周
豁漏中
十六 突兒
應連上
十八 豁中亦納察
豁漏中
帖別舌里周
葉刻別誤列
二十 食民
一逗
十七 四 哈赤
哈旁誤中
六 孛勒罷
一逗
孛羅舌中忽勒

葉刻勒字缺
十 豁中只荅罷
一逗
也孫
一逗
十四 兀舌魯吉顏
魯漏舌
十八 十 房北邊
房誤居
十一 阿勒塔泥
勒誤黑
十九 一 本頁一至四行
已見前此重出
十二 撒你顏
應連上

十八 兀魯(舌)黑

一逗 魯漏舌

二十九 忽(中)難

忽漏中

十六 忽(中)亦勒荅兒

忽漏中

十八 突兒

應連上

十九 子孫的 子孫行

葉刻行誤的

二十 土撒因

一逗

廿一 十 合(中)罕

合漏中

察(中)罕(中)豁阿因

豁漏中 十二行同

十二 剌

應連上

廿二 四 合(中)里(舌)

一逗

不剌(舌) 塔剌(舌)

各一逗

五 恩賜呵

漏呵字

教聚

聚誤衆

六 迭兀

應連下

八 速孩(中)

應連上

十 阿(中)合

合漏中

顏

應連上

十二 兀(舌)魯(中)渾

渾旁誤舌

十五 察(中)罕(中)豁阿

罕豁均漏中

廿三 六 阿(中)合

一逗 下同

八 乃亦塔(黑)荅木

一逗

十 阿撒(舌)剌兀(勒)周

剌漏舌

十二 亦(舌)列罷

列漏舌

帖(舌)列

一逗

十四 (中)合(舌)剌

一逗

十六 格格延

一逗

迓步罷

一逗

十八 塔

一逗

亦(舌)列罷

一逗

廿四 二 塔阿剌(中)渾

渾漏中

四　嫩禿黑
葉刻缺黑字
七　恩賜
葉刻賜誤惕
十二　荅兒中合剌惕中渾
渾漏中
十四　斡脱克列兀勒周
葉刻克誤勒
十六　也孫
一逗
十八　不　斡舌羅禿中孩
各一逗
巴撒
撒誤徹
二十　莎余兒中合舌侖

侖旁誤中
廿五　四　里顏
應連上
七　自己的
漏的字
十二　中忽亦惕中渾
一逗　忽漏中
十四　巴歹　乞失里黑
二人誤作一人
十六　荅兒中合剌舌侖
一逗
斡勒札
一逗
十八　斡舌羅阿
一逗

突兒
應連上
廿六 四 阿主爲
一逗 六行同
八 中豁兒赤剌兀勒周
豁漏中
十一 鎖兒中罕失舌剌
罕漏中剌漏舌 下同
廿七 四 脱迭干
葉刻干誤于
十 魯額邊
應連上
十二 乞舌里勒禿吉
應連上爲一人
十六 圖思

一逗
廿八 二 圖思
一逗 八行十四行同
四 禿吉
應連上
帖卜臣
一逗 十二十四行同
六 斡古舌列
一逗
八 亦舌列額速
列漏舌
中合兒塔黑撒惕
惕字缺
十六 也客
一逗

薛惕乞主爲
一逗
兀格
一逗
勺卜失耶周
葉刻漏卜字
十八　委亦列突兒
葉刻委誤禿
二十　巴舌剌温
一逗
木中合里荅
一逗
揑舌列
一逗　揑誤担
廿九　二　沼温

一逗
土奔
一逗
四　篾迭禿該
一逗
五　您父子
葉刻子誤了
九　國王做了
誤做了國王
十四　舌里顏
應連上
十七　埋没行
葉刻埋誤理
二十　敏中合
一逗

三十 十 阿惕中渾
一逗
十三 木勒中合勒中忽
忽漏中
十八 那牙惕
一逗
十九 十每的
十誤千
二十 哈兒巴敦
哈旁誤中
禿篾敦
一逗
三一 二 斡克帖坤
坤旁中衍
四 札兒里黑

一逗
八 納顏
一逗
十二 古出
一逗
古兒
一逗
十四 都舌里顏
應連上
突兒
應連上
二十 斡舌羅兀魯惕中渾
線誤分
三二 八 那牙敦 古兀訥
各一逗

十　失勒
一逗
斡羅舌兀惕禿孩中
孩漏中
十四　亦舌列禿該
列漏舌
十七　十每的
十誤千
二十　都舌里因
一逗
三三　二　你刊
一逗
十　中忽必
一逗　忽漏中
十四　奄出

一逗
阿察
一逗
坎列克先　客米耶兒
各一逗
十六　帖因
一逗
十八　都舌里因
一逗
二十　那闊惕　門
各一逗
三四　二　門　帖因
各一逗
四　札兒里黑
一逗

八 苔巴中渾
一逗
十 客失克 斡舌羅兀勒苔中渾
各一逗
十二 兀禄 孛勒中渾
各一逗
迓步中灰
中灰誤恢
班
應連上
十四 帖舌列
一逗
十六 中豁羅
一逗
亦列牙

一逗
二十 哈舌剌泥
一逗
三五 二 元作伯
元俄本作原
十九 大典本卷十
一從本行起
三六 二 門
一逗
四 札兒里黑吉牙兒
缺下兒字
十一 管着
管誤營
十二 阿禿中孩
孩漏中

十四　豁(中)兒臣
豁漏中
十七　子
葉刻誤了
二十　魯阿
應連上
三七　四　你刊
一逗　下均同
五　爲長著
葉刻著誤者
八　豁(中)兒赤泥
豁漏中
十　斡羅(舌)禿孩(中)
羅漏舌
十一　帶弓箭的自的行

漏自的二字
十二　斡羅(舌)兀勒禿孩(中)
孩漏中
十九　也客捏兀鄰(舌)
鄰漏舌
三八　三　火兒忽(中)荅
忽漏中
八　魯額
應連上
九　教滿着
漏教字
十　兀魯(舌)合(中)察
魯漏舌合漏中
十二　你刊
一逗　下均同

十八 敏罕(中)

罕漏中

二十 朵豁(中)勒忽(中)

豁忽均漏中

三九

一 散班行

漏行字

二 你刊

一逗　下均同

三 宗族行

漏行字

教管者

漏教字

四 兀魯合(舌)(中)察

魯漏舌

十七 兩箇也

漏箇字

十八 魯阿

應連上

豁(中)牙兒

一逗

四十

四 豁(中)勒

一逗

七 不合(中)

線漏

十 阿勒赤

線誤連下

十九 委付時

漏時字

二十 你刊

一逗

四一　四　你刊
一逗　下均同
十六　禿舌里顏
應連上葉刻里漏舌
十七　點視着
視誤金
二十　中豁那勒都周
豁漏中
四二　二　豁阿舌剌黑三
豁誤斡
三　第二次
缺二字
八　別耶
一逗
十四　中豁羅

葉刻豁漏中
亦列牙
一逗
四三　二　孛勒禿中孩
孩漏中
十　札撒黑
缺黑字
十二　納荅
一逗
十四　抹舌闊里兀魯
一逗
十六　你失惕
一逗
十八　中合兒
一逗

二十 別舌里額 古
別舌里額一逗

四四 二 訥都兒中合
一逗
三 本段人名
旁均漏線

四五 二 迭額舌列 備
各一逗 六行同
六 突兒
應連上
七 同等
衍每字
九 鬪毆呵
葉刻毆作歐
二十 札兒里黑

黑誤思
統中合舌侖
侖作論

四六 二 竹克
一逗
禿舌里顏
應連上
四 納舌剌訥
剌誤列
客卜帖兀列
列旁舌衍
五 宿有者
有誤着
六 中豁難
一逗

八 阿牙^中^合
一逗 十六行同
十四 亦顛
一逗
十六 都^舌^里顔
應連上
四七
二 納^舌^闌
一逗
六 把^舌^里周
一逗
十 亦^舌^列禿該
列漏舌
十八 哈^舌^剌泥
哈旁誤中
十九 砍着
砍誤欲
丢了
葉刻誤去了

四八
一 北邊行
漏北字
二 突兒
應連上
四 魯額
應連上
六 撒^舌^兀里
一逗
八 客連
連誤速
兀該
一逗

客卜帖兀侖
侖旁舌衍　十二行同
十　虔
一逗
十二　不
一逗
十四　哈剌(舌)泥
葉刻哈旁誤中
十八　帖列(舌)

一逗
二十　合(中)荅阿兒禿宜
阿字漏葉刻合漏中
四九　三　晚
葉刻誤悅
六　客卜帖兀列
列旁舌衍
十六　數目
誤數日

元祕史校記卷十

頁	行	正文
		校記
一	四	斡魯舌格台
		一逗
	六	額額連舌
		一逗
		額捏
		一逗
	八	豁都台
		一逗
	十	格兒　豁兒臣
		各一逗
		客卜帖周
		漏卜字
		斡欒舌　額薜
		各一逗
	十二	温突兒
		一逗
	十四	失勒只鄰舌　不恢
		各一逗
		失勒古惕刊　不恢
		各一逗
		赤惕渾中　不恢
		各一逗

十六 失勒帖速台 格兒
各一逗
豁兒臣
一逗
兀祿 勤
各一逗
十八 阿木兀魯黑三 誠
各一逗
二十 亦不侖
一逗
二 二 兀祿
一逗
四 亦帖格勒田
線誤分
六 突兒

應連上 八行同
八 忽壇
忽旁中衍
三 九 阿兒中孩
孩漏中
十二 也舌連
連誤速
別耶
一逗
十六 斡舌羅
一逗
十九 教怨
葉刻怨誤您
四 十二 格舌侖
一逗

十五　槍
誤搶
十八　阿牙中合
一逗
客卜帖兀勒
一逗
十九　稠
葉刻誤裯
二十　溫丹
一逗
斡惕刊　別兒
各一逗
五二　溫丹
一逗　六行同
七　提調的每

八　漏每字
兀該
一逗
十　亦咥額
一逗
帖舌里兀連
一逗
十二　斡舌兒朵
一逗
斡舌羅中忽
一逗
十五　宿衛行
漏行字
十六　斡舌羅周
葉刻羅旁舌誤中

六

二十 斡兒朶
一逗
二 阿把剌中灰突兒
中灰誤恢
三 一半自的行
葉刻半誤伴
四 突兒
應連上
八 旎纛
旎誤放
十八 不
一逗

七

六 荅梅
應連上
客額梅

一逗
十二 耨兀恢突兒
恢旁誤中 十六行同
十五 容易麼有
有誤在麼上
十六 乞勒巴魯舌
一逗

八

二 備
一逗
十 魯阿
應連上
十四 中豁兒
豁漏中
中忽牙黑
一逗

十六　訶斡申

一逗　申誤甲葉刻訶誤阿

十九　帶弓箭的

葉刻漏的字

二十　豁（中）兒臣

豁漏中

九

十六　巴刺（舌）温　沼温

巴刺（舌）温三字漏

十

四　豁（中）黑

一逗

九　綱索

誤綑索

十二　阿兒孩（中）

孩漏中

十八　途兒

十一

二　應連上　二十行同

阿不阿（惕）

一逗

突兒

應連上

三　斷殺了

漏了字

四　額薛　不（勒）合（中）罷

各一逗

七　忽（中）必來

忽漏中

十　帖列（舌）格禿

列漏舌

脱（黑）脱阿

黑誤惕

十二　捏虔

一逗

沐舌洌捏

洌漏舌

十四　木中忽惕中合周

忽漏中　二十行同

十五　中忽禿

忽漏中　十六行同

二十　亦舌列罷

葉刻列漏舌

十二四　委兀敦

葉刻委誤禿

八　額兀連

葉刻連誤速

額客

一逗

十　阿舌鄰勒周

葉刻鄰漏舌

沐舌漣

一逗　葉刻漣漏舌

十四　荅察

應連上

阿勒

一逗

十八　亦舌列主爲

列漏舌

十九　說着

誤話着

二十　突兒

應連上

十三　一　做者

者誤着

八　莎余兒合(中)黑荅罷

兒漏線誤分葉刻合漏中

九　金段子

葉刻子誤了

十四　亦都兀

葉刻人名誤單線

十四　三　大典本卷十二從本行起

四　塔兀來

一逗

十二　都里(舌)顏

應連上

十五　五　將來了

漏了字

九　以這廂

廂誤相

十　荅察

應連上

二十　兀里(舌)荅

一逗

十六　三　女子名行

漏行字

十　阿合(中)

一逗

十五　來了

影印本缺了字

十六　亦列(舌)罷

列漏舌

十七　八　忽秃阿別乞

前頁作忽都合(中)別乞

十八　歹都忽(中)勒莎豁(中)兒里(舌)

漏兒字(舌)里誤思

十八　四　也客

一逗

迓步剌(舌)

一逗

六　別兒客

一逗

牙兒

應連上

八　合(中)喇(舌)兀剌

喇漏舌

迭額兒篾惕帖周

漏額字

十四　秣(舌)驪闌

驪漏舌

十九　四　抹兒

一逗

六　額兒別格勒折兀勒周

缺上勒字

八　耶兒

應連上

十　札撒黑剌(舌)侖

侖漏舌

十四　兀(中)合里

(中)合誤哈

折兒

一逗　折誤拆葉刻不誤

十六　忽剌安

一逗
突兒
應連上
二十　五　歹都秃勒已死
葉刻已誤巴
十一　不中合
中合誤哈
廿一　一　百姓的
漏的字
四　突兒
應連上
十　中豁兒赤
豁漏中　下同
把里黑舌荅主兀
里漏舌

十四　篾迭木
一逗
十八　斡舌羅兀侖
一逗
孛舌羅中忽
羅漏舌
牙速訥
一逗
廿二　二　孛中脱灰塔兒中忽
忽漏中
三　中忽中都合別乞
忽漏中都誤秃
四　孛中脱灰塔兒中渾
塔誤荅渾漏中　十一行同
十　中忽中都合別乞

合漏中

十六　斡古侖舌

侖漏舌

十八　不由

一逗

二十　備

一逗

廿三一　人名的

漏的字

二　備

一逗

忽中必

一逗

四　額薛

一逗

董豁中惕罷

豁漏中

五　九

九下衍十字

六　察阿荅牙

葉刻察誤客

十　敏合中惕

合漏中　下同

十四　豁中牙兒

葉刻豁漏中

十六　敏干

干誤千旁漏中

十八　客列舌亦惕魯阿

客誤格

孛魯勒察罷

勒誤惕

廿四　四　格(舌)里顏

顏誤額

五　遺念

遺誤道

十一　鼻行

誤自卑行

十四　(中)康失塔剌

康漏中

廿五　五　五百

百誤伯

六　王(中)罕

罕漏中

二十　客扯兀

一逗

阿不(舌)里禿

一逗

廿六　四　突兒

應連上

六　(中)豁牙(舌)里

豁漏中

十　察兀兒(中)孩

孩漏中

十七　者卜客

漏卜字

十八　察兀兒(中)孩

(中)孩漏中葉刻誤該

二十　(中)晃(中)豁塔歹

晃漏中

朶羅安

羅旁舌衍
廿七 四 中晃中豁壇
晃漏中 六行同
十 阿中灰
一逗
十四 客兒
一逗
二十 亦舌列罷
列漏舌
廿八 二 札舌兒里黑
一逗
中罕
漏中
四 兀魯思
魯旁舌衍

五 不曾
漏曾字
六 兀該 備
各一逗
十 中豁牙兒
豁漏中
十四 察中合安
一逗
十八 納舌闌
闌漏舌
二十 中罕出惕
一逗
廿九 二 阿撒中渾
一逗
不忺突兒

恢旁誤中
六　古兒抽
抽誤拙
十四　額不都克
一逗
十六　額捏
一逗
合中荅侖
二卷十二頁義譯根尋着
十八　恢亦顏
恢旁誤中
三十　十二　合中鏷
一逗
額兒點禿
線誤分

合中魯舌黑撒泥
魯漏舌
十六　歹孫
一逗
十七　不得有您
您字缺
十八　兀瞻
瞻誤膽
牙荅梅
一逗
三一　四　阿云
一逗
六　兀禄
一逗
八　敏中干

干漏中

十 額客

一逗

三二二十 巴兒(中)忽真

忽漏中

三三 二 帖卜騰格理(舌)

理漏舌

六 突兒

應連上　八行同

十二 帖卜騰格理(舌)

漏卜字

三四 二 亦(舌)列克迭周

列漏舌

四 莎(中)豁兒

豁漏中

八 忽(中)亦(舌)剌

一逗

十 晃(中)豁(中)壇

晃豁均漏中

十八 晃(中)豁(中)壇

晃漏中

不(舌)魯兀

一逗

三五 二 格主爲

應連上

三 未行

未誤來

四 孛速埃

一逗

六 不恢突兒

恢旁誤中

八　也孫

一逗

突兒

十　應連上

帖卜騰格舌理

理漏舌　廿行同

十二　莎中豁兒

豁漏中

十六　亦舌列克迭周

列漏舌

十八　晃中豁中塔納

晃漏中

二十　豁中亦納察

豁漏中

三六

六　札中合巴兒

合漏中

十　晃中豁中壇

晃豁均漏中

十六　別勒

一逗

十八　兀年

一逗

抹那

一逗

捏兀列

一逗

二十　捏惕客勒

一逗

兀魯思

魯旁舌衍
三七 二 篾迭兀勒坤
勒誤惕
禿魯
一逗
四 禿牙勒
一逗
十八 合中罕
合漏中
二十 嗚詁列舌論
舌誤在列旁
三八 二 客兒
一逗
十三 我行
誤我的

十八 額閄闐
一逗
二十 巴舌鄰勒都罷
線誤分
帖卜騰格舌理
漏卜字
三九 二 因字及旁的字
均衍
豁中魯木塔因
缺木字漏因字
六 禿舌里顏
應連上
十四 你舌魯兀
魯漏舌
十五 梢行

葉刻梢誤稍

十七　丟着
誤去着

十八　斡斡兒抽
漏一斡字

二十　孛侖
侖旁舌衍

四十五　地行
地誤他

六　不恢額徹
恢旁誤中　八行同

十　客額恢魯額
恢旁誤中
只兒豁(中)安
中誤在安旁

晃(中)豁(中)壇
晃漏中

十九　折斷着
誤折折着

四一　一　丟了的行
葉刻丟誤去

四　你刊
一逗

五　教放着
葉刻漏着字

十一　帖卜騰格理(舌)
理漏舌　後同

四二　十四　六子
誤七子

四三　六　馬合(中)惕

中合誤哈

十 古兒格克薛訥

一逗

十二 征古古因

一逗

十三 被去了

去誤丟

十四 斡惕荅罷

一逗

十八 董中豁都舌侖

影印本缺董字

二十 薛惕乞坤

一逗

孛侖

侖旁舌衍

四四 八 董中豁敦

一逗

九 解拆呵

葉刻拆誤折

十六 只赤

義譯卻

札里舌剌罷

十八 途兒

應連上

里旁舌衍義譯息怒了

二十 原作別

缺作字

四五 二 中晃中豁壇

晃漏中

只卜禿舌剌主爲

三

一逗

帖卜騰格里舌

里漏舌

十

忽察兒中

忽漏中

一例

葉刻誤一倒

元祕史校記續集卷一

頁	行	正文	校記
			大典本卷十三從本卷起
一	六	突兒	應連上
二	六	(中)豁勒	一逗
	十六	途兒	應連上
	二十	額額(舌)列兀侖	一逗
			原作別
			俄本原作伯
		東昌	一逗
三	二	額額(舌)列周	列漏舌
		(中)豁那黑	豁漏中
	三	使不意着	漏着字
	四	(中)合兒	一逗　義譯手
	五	兼行着	

漏着字
六 格捏(惕)
一逗
四 十 察(中)忽兀
一逗
帖耶
應連上
十二 額(舌)列坤
一逗
十八 扯(舌)里兀(惕)
兀誤克
五 二 都(舌)里顏
應連上
四 兀禄
一逗 六行同

歹亦孫
一逗
五 皇帝行
漏行字
八 忙(中)豁侖
一逗
十 忙(中)豁里
一逗
十二 額耶秃(勒)都(惕)
一逗
十八 阿兀(舌)刺速(惕)
一逗
扯(舌)里昆
一逗
六 二 客兒

一逗
六 中合阿納
線誤分
十 額惕
一逗
十四 亦舌列克迭周
列漏舌
十六 突兒
應連上
七 二 中豁失兀納
葉刻豁漏中
四 荅阿中灰阿察
中灰誤恢
八 十 嗚詀列舌論
舌誤在列旁

二十 備
一逗
九 四 癸邏躔 牙荅梅
各一逗
六 突兒
應連上
不勒中合勒敦 牙荅木
各一逗
八 中合阿泥
線誤分
唐兀惕
缺惕字
十八 都舌里顏
應連上
十九 駱駝每

葉刻駝誤馳

十　五　俺本是

葉刻本誤木

十八　豁中紉

一逗

十一　四　泥

應連上

十八　那孩中

一逗

二十　額勒先

一逗

十三　二　亦列

列旁舌衍

十　阿勒壇

一逗

十四　斡額兒

一逗

古兀訥

一逗

十四十四　原作別

俄本原作伯

察卜赤牙侖

一逗

中合阿勒中合

漏阿字

十六　把里舌黑撒惕

線誤分

十八　突兒

應連上

二十　朶脱舌刺

葉刻剌漏舌
十五　四　牙兀
一逗
六　阿兒(舌)孩(中)合(中)薛兒
孩旁漏中
失吉忽(中)禿忽(中)
下忽漏中　十二行同
八　額薛兒古
一逗
十六　合(中)阿訥埃
漏阿字
阿主兀
一逗
十八　備
一逗

二十　兀禄
一逗
十六　六　額(惕)　牙兀
各一逗
十　合兒台
合旁中衍
十四　合(中)阿訥埃
漏阿字
阿主兀
一逗
十六　孛勒罷
一逗
十七　十　兀禄兀
一逗
十一　者別

葉刻人名線漏

二十 失吉忽(中)禿忽(中)

忽均漏中

十八 二十 沐(舌)漣

漣漏舌

十九 一 去了

誤來了

八 抹(舌)列

一逗

十五 合(中)撒兒

合漏中

二十 五 麻繩

麻誤縻

八 客兒

一逗

十 額勒赤訥延

線誤分

十二 突兒

應連上

秣(舌)驪剌(中)灰突(舌)兒

灰(中)誤恢

十四 都(舌)剌惕(中)罕

線不全

二十 突兒

應連上

廿一 十二 兀(中)合黑撒你顏

葉刻撒誤撒

廿二 二 兀荅阿(舌)剌(中)灰阿察

灰(中)誤恢

八 備

一逗
十　因
應連上
十六　客額恢魯額
恢旁誤中
札中合突兒
葉刻合漏中
十八　額薛
一逗
二十　客兒
一逗
許列兀
一逗
廿三　八　不
一逗

十　不恢突兒
恢旁誤中　十四行同
十六　撏　撒溫
各一逗
廿四　六　不列額
額誤周
十　古薛周
一逗
迓步罷
一逗　十四行同
十二　孛勒罷
一逗　十四十六行同
十八　主舌魯堅
一逗
二十　不勒惕

一逗

廿五　四　合(中)魯(舌)剌阿

一逗

十一　馬上捎着

葉刻捎誤指

十二　邊

應連上　十四行同

罕(中)主合(中)剌周

主誤土

十六　兀禄　勤

各一逗

合(中)卜塔孩(中)

漏卜字

十八　豁(中)兒埋班

埋誤理

十九　當宿食着

漏着字

二十　失吉顏

一逗

廿六　四　迓步灰(中)

灰(中)誤恢

六　豁(舌)來塔剌

俄本豁有中

十　札(舌)里米顏

葉刻里漏舌米誤來

十三　人一同

葉刻漏一字

廿七　四　孛黑荅

荅誤塔

合(中)敦

葉刻合漏中

九　兀中忽納

忽漏中

十一　爲主

葉刻誤爲王

廿八　十　客額梅

一逗

十二　兀魯兀

一逗

十四　札兒里黑

一逗

二十　兀禄

一逗

廿九　二　備

一逗

四　中豁勒巴阿舌闌

漏阿字

八　舌斡魯克

一逗

十二　孛魯

一逗

十四　嗚詁列舌論

論漏舌

十六　客列列

誤客列延

三十　二　札兒里黑

一逗

四　牙温

一逗

額客　阿爲

各一逗
斡欒
一逗
十　秃里（舌）顏
應連上　十六行同
十九　兩箇的
漏的字
子孫每行
葉刻漏行字
二十　兀魯（舌）兀荅察
葉刻魯漏舌
魯阿
應連上
三一　十　（中）豁亦納
豁漏中

十一　莫不
漏不字
十二　圖兒
應連上
十四　突兒
應連上
（中）忽赤阿速
忽漏中
十八　撒列思
俄本列旁有舌
余延
應連上
三二　四　孛魯
一逗
八　必

一逗
捏舌列亦都克先
線誤分
十二 者因
一逗
十四 兀禄
一逗
十六 斡克速
一逗
二十 合中撒舌侖
合漏中
三三 二 兀舌魯黑
魯漏舌
七 做不曾
漏曾字

十 額你迭惕坤
漏惕字
阿勒中渾
一逗
十二 忽中赤阿速
忽漏中
三四 九 鑑戒
葉刻誤鑑成
三五 五 麻繩
麻誤縻
三六 一 莫不
漏不字
四 不恢突兒
恢旁誤中
九 唐兀惕

漏惕字
十七　依着
葉刻依誤衣
十八　亦牙兒
應連上
三八　四　哈兀勒荅阿
哈旁誤中
六　突舌兒
應連上　十四行同
十　兀舌里荅
舌里誤理
十八　豁中牙舌侖
葉刻豁漏中
三九　二　突兒
應連上

八　雪額罷
一逗
十八　莎勒壇
勒誤兒
二十　莎余兒中合周
漏兒字
四十　六　哈兀勒周
哈旁誤中
八　札撒黑
一逗
十　只池
池誤也
扯舌里克
里漏舌
十五　脱中忽察兒

忽漏中　後同

二十　失吉忽(中)秃忽(中)

忽均漏中

四二　二　亦列(舌)侖(舌)

列漏舌

六　亦列(舌)額速

列漏舌

十二　兀籠(舌)格赤

籠漏舌　十三行同

二十　兀都剌(舌)兒

剌(舌)誤別(舌)

巴剌合(中)速納察

合漏中

四三　一　城子行

誤城名行

四　豁(中)兒合訥

葉刻豁(中)漏中

七　下也者

下誤回

八　扯里(舌)兀惕　保兀惕

各一逗

十　亦魯(舌)

一逗

十四　不恢突兒

恢旁誤中

十八　合(中)罕

葉刻合漏中

四四十四　兀都兒

一逗

十六　失吉忽(中)秃忽(中)

秃作都
十八 斡纏
一逗
四五 二 斡籠(舌)格赤
籠漏舌
三 共分着
漏着字
十 馬孩(中)周
義缺
十四 阿余罷
一逗
四六 三 分析着
析誤折
地行
地誤他

四 合(中)荅勒周
葉刻合漏中
十四 撒亦
一逗
十六 速(舌)侖
一逗
十八 額因
一逗
二十 額徹
應連上
亦兒堅
一逗
四七 六 赤馬荅
葉刻赤誤去
十 客額古

一逗
四八 一 人名行
漏行字
二 捌兒馬中合泥
一逗
十三 中晃中孩
晃漏中
十九 中晃中孩 中晃塔中合兒
晃均漏中
四九 二 中豁牙舌侖
葉刻豁漏中
十四 舌剌舌剌勒
續二卷十五頁作客舌列勒
五十 九 父子
葉刻誤人子

十二 舌朶劣
五十一頁作脱舌劣
十五 他的
漏的字
十六 忽舌魯木石
十行忽有中
十八 魯阿
應連上
兀舌籠格赤
籠漏舌
五一 八 赤苔中忽因
一逗
篾迭兀舌侖
侖漏舌
十 魯阿

應連上
土失罷
葉刻土誤士
十四　馬思忽惕中
忽漏中
十八　朶羅安
一逗
二十　不恢突兒

恢旁誤中
五二　十　阿不阿惕
葉刻旁缺要了二字
十四　禿剌因
剌旁舌衍
合剌中舌
一逗　葉刻合漏中
十九　却將
葉刻誤着將

元祕史校記續集卷二

頁	行	正文	校記
		大典本卷十四從本卷起	
一	四	唐兀惕	惕誤勒
	六	那中孩	一逗
	十八	馬里舌牙班	里漏舌
	二十	帖舌列	一逗
二	五	聚呵	誤衆呵
	八	都剌舌惕中罕	一逗
	十	壇	應連上
	十六	秣驪舌剌惕	一逗
		不舌鄰	一逗
三	三	地名行	葉刻漏名字
	六	孛魯	

一逗
八 苔兀
一逗
十六 兀禄
一逗 十八行同
十八 扯里舌克
一逗
十九 指了的
葉刻指誤扯
四 六 突兒
應連上
十四 孛額速
一逗
十六 帖兒篾
一逗

五 二 勺里舌惕渾中
里漏舌
四 額揑
一逗
十四 魯額
應連上
二十 額列舌坤
一逗
六 二 撒亦惕
亦誤赤
七 十七 兩箇行
葉刻漏行字
十九 做時
漏時字
八 十 豁中兒埋

埋誤理葉刻誤里舌
十六　阿主爲
一逗
十八　備由
一逗
九　九　雪山名
漏雪字
十二　納察
應連上
十四　不恢突兒
恢旁誤中
十八　阿牙合中
一逗
也孫
一逗　二十行同

十　二　也孫
一逗
四　帖舌列
一逗
六　突兒
應連上
朶脫舌剌
剌誤列
忽中塔阿兒
葉刻忽漏中
十二　那克赤耶惕坤
克誤乞
十四　脫侖
一逗　十六行同
十一　三　教痓可者

可誤痾

六　備

一逗

那可兒

一逗

八　古出揑

一逗

十　阿不埃

一逗

十二　阿牙（中）合

一逗

十二十二　亦咥恢

恢旁誤中

十三　有您

缺有字

十九　窮絶着

葉刻漏着字

二十　唐兀（惕）

缺惕字

十三　二　（中）合（中）孩

一逗

四　唐兀（惕）

葉刻惕誤黑

亦兒格揑徹

葉刻徹誤撤

十八　（中）豁（勒）

一逗

二十　闊迭額阿（舌）剌剌

額誤兀

十四　八　撒（勒）

一逗勒誤勤

九　散班每
葉刻散誤撒

十　客卜帖兀勒
漏卜字
乃蠻
一逗
中罕
一逗　葉刻旁漏中

十一　行有的每
葉刻缺行字

十二　迓奔
一逗

十六　中豁侖
一逗

十五　四　斡額里舌顏
漏額字

十六　把阿禿舌里
里漏舌

十八　中康鄰
康漏中

二十　不中合兒
前卷四九頁作孛剌兒

十六　一　河名河名
漏一河名
水有的
漏水字

二　突兒
應連上
阿的勒

一逗
沐漣舌惕
漣漏舌
十八　也客
一逗
二十　兀禄
一逗
十七二　斡欒
一逗
虔
一逗　葉刻虔誤處
十二　孛勒主兀
一逗
十四　可兀敦
一逗

十六　扯舌里克
一逗
二十　合中舌鄰
一逗
十八二　乞零剌阿速
零旁舌衍
四　中忽兒察壇
葉刻忽漏中
六　亦舌列主爲
列漏舌
十　竹克
一逗
十四　額亦木　備
各一逗
十九十四　嗚詁列克迭古由

由誤田
十八　多兒(中)忽(惕)
十五頁作多兒(中)忽(勒)
二十　突兒
應連上
二十四　撒因
一逗
八　圖兒
應連上
十六　討來
一逗
十八　(舌)扯里兀的
葉刻里漏舌
二十　渾只兀
一逗

廿一二　竹(克)
一逗
(中)豁脱(惕)
一逗
六　阿鑾
一逗
十二　巴剌(中)合(惕)
一逗
十五　卜呵
葉刻呵誤阿
十六　兀禄
一逗
十八　兀(舌)魯(中)渾
一逗
十九　開着

開誤聞
廿二 三 主每帝每
葉刻下每字漏
四 額者惕
一逗
十 都列惕
一逗
十八 虔
一逗
廿三 四 莎汪中忽周
葉刻汪誤注
亦兒格
一逗
八 斡克罷
一逗克誤惕

中合罕
一逗 十二十六行同
十五 我的
誤你的
十八 勺卜
一逗漏卜字
二十 乞卜
一逗
中康中渾
中康誤慷
廿四 四 中合荅宜
一逗
六 你兀兒
一逗
備

一逗

七　詛您

葉刻詛誤誰　下同

十六　中合罕

一逗

十八　阿里

一逗

二十　勺卜

一逗

廿五二十　阿勒壇

一逗

廿六　六　竹克

一逗

突兒

應連上

八　土卜申

一逗

十六　中合札兒

一逗

額惕

一逗

十八　孛魯舌侖

魯旁舌衍

二十　失舌剌

一逗

廿七四　闊勒

一逗

八　阿惕中渾

渾漏中

十四　札牙黑

前卷四九頁作河名

二十　合里(中舌)罷

葉刻合漏中

廿八　一　高麗行

麗誤嚴

二　莎郎(中)合思

郎誤即

十一　乞卜察

漏卜字

十三　荅魯(舌中)合臣

魯漏舌合漏中

十四　高麗

麗誤嚴

十七　人名　種名

葉刻種名二字漏

二十　亦列(舌舌)侖

亦誤赤

(中)合罕

一逗

廿九　二　額卜迭周

漏卜字

四　哈兒班

哈旁誤中

六　亦純

一逗

十二　你刊

一逗

十五　被上馬了

葉刻了誤子

三十　二　格赤乞列恢

恢旁誤中

六　拙兒合（中）勒荅牙

一逗

赤

義譯你

八　抹敦

一逗

十二　孛勒忽（中）

一逗

十四　不恢突兒

恢旁誤中

豁（中）牙剌（舌）

剌漏舌

三一　十二　乞零剌周

零旁舌衍

十六　阿合（中）

一逗　十八行同

阿鑾

一逗

十七　卯

誤卯

二十　額卜扯溫突兒

漏卜字

三二　二　乞木勒

一逗

阿屼剌思

一逗

八　赤

一逗

十　阿鑾

一逗
都兀(舌)連
連漏舌
十四 含(中)禿
一逗
三三 九 大典本卷十五從本行起
十一 奏時
缺時字
十二 帖里(舌)兀田
田誤由
十四 客額列(舌)
一逗
十六 格侖(舌)
一逗
格兒圖兒

一逗
十八 乞零剌周
零旁舌衍
二十 委亦列
一逗
三四 四 札里(舌)剌(舌)周
里漏舌
雪余額兒
雪誤雷
兀格
一逗
八 哈剌(舌)訥
哈旁誤中
十二 乞零都兒
零旁舌衍

十六 斡舌羅兀魯黑三
一逗
斡抹黑
一逗
阿中合
一逗
十八 突兒
應連上
阿亦速
一逗
二十 圖兒
應連上
三五 二 秃你黑三
一逗
六 斡舌魯速惕

十二 葉刻魯漏舌缺惕字
牙兀
一逗
十六 那可兒
一逗
迭不勒恢
恢旁誤中
十八 失中納合
一逗
阿木兒里兀勒荅周
一逗
三六十八 孛舌魯侖
侖漏舌
二十 突兒
應連上

客卜帖兀勒
帖誤迭
三七　二　迓步荅勒
一逗
十　抹兒
一逗
三八　三　交參
參誤慘
五　丢者
丢誤去
七　北行
葉刻北誤兆
十六　孛侖
侖旁舌衔
十八　孛勒中合中忽

葉刻忽旁中誤舌
二十　亦帖格勒秃　備
各一逗
三九　二　客卜帖兀侖
漏卜字
十二　中忽卜察孫
一逗
十四　不
一逗
十六　阿牙中合
一逗
四十　四　客卜帖兀勒
誤突帖兀勒
扯舌里克
一逗

六　斡兒朶
一逗
帖兒堅突兒
一逗
九　宫
誤官
十三　千管者
千誤十
十四　敏合(中)
一逗
十六　那牙惕
漏惕字義譯官人每
四一　六　豁(中)里(舌)合(中)察兒
葉刻豁漏中
四二　二　合(中)剌(舌)兀合兒

前頁作合(中)剌兀荅兒
三　右
誤左
六　額迭
一逗
七　管者
誤行
十二　突兒
應連上
十四　豁(中)牙兒
豁漏中
四三　六　篾顛　阿黑三
篾顛一逗
四四　六　朶羅安
一逗

八　兀該
一逗
十　斡脱古突兒
古誤歹
十五　老每
漏每字
四五　二　也兀惕客勒都恢突兒
恢旁誤中
十二　米訥
一逗
十四　額耶
一逗
十八　抹舌闊里兀魯惕
一逗
十九　被爲長了

被誤彼
二十　雪余惕
一逗
四六　二　中合兒
一逗
八　迭額舌列　備
各一逗　十二行同
十四　突兒
應連上
客舌列勒都額速
線誤分
額舌列兀列耶
上列漏舌
四七　二　闊勒
一逗

五 父自的行
葉刻父誤人
八 失列古
一逗
十 桓 桓突兒
線誤
札温
一逗
你刊
一逗
十三 騙馬
漏騙字
十六 竹克
一逗
十七 騍馬每
騍誤騾
十九 教牧放了
葉刻牧誤收
二十 嫩禿黑赤塔泥
漏黑字

四八 二 赤兀魯阿速
一逗
四 莎余兒合中勒
一逗
六 竹克
一逗
四九 二 哈兀勒中合梅
線誤分
兀荅安
一逗

四　勺孛郎
一逗
六　竹克
一逗
九　教沿着
葉刻沿誤治
教奔呵
缺奔字
十四　勺卜
一逗
五十八　額你迭徹
葉刻你誤勒
十二　秃孩中
應連上
五二　八　哈兒巴敦

哈旁誤中
十　突兒
應連上
十二　牙温
一逗
你刊
一逗
十四　斡恢
恢旁誤中
撒因
一逗
五三　一　商量着
葉刻漏着字
四　竹克
一逗

六 桓 桓突兒

線誤

你刊

一逗

八 主撒黑

一逗

九 騍馬每

騍誤騾

放乳馬的

乳誤騍又誤騾

十二 阿木臣

木誤米

十三 地

誤也

十八 撒兀舌鄰

一逗

二十 突兒

應連上

五四 一 騍馬每

騍誤騾

二 中豁你惕

豁漏中

帖舌列堅突兒

列漏舌

五 腦頂

誤惱項

十四 整治

治誤台

二十 突兒

應連上

五五 二 (中)豁亦納
葉刻豁旁中誤舌
委亦列都克先
葉刻委誤禿
八 客(舌)列克
一逗
札(舌)剌吉顏
剌誤列
九 第二次
缺第二二字
十 兀速
一逗
十四 竹克
一逗
十六 兀魯思
一逗

十九 勾當每
漏每字
二十 委亦列思
漏列字
捏篾罷
一逗
五六 二 也客
一逗
六 不(舌)魯兀
葉刻魯漏舌
八 孛勒罷
一逗　十二十六行同
十 額篾
一逗
十二 兀魯孫
一逗

五七

十四　約速
一逗

四　虔
一逗
不里(舌)訥
里漏舌

八　你顏
應連上

十　迭兀
一逗

十四　阿(中)忽
一逗
孛侖
侖旁舌衍

十六　不魯(舌)兀
一逗

十八　揑篾罷
一逗
原作別
缺作字

二十　孛(勒)主爲
一逗

五八

五　斡(惕)赤斤
漏惕字

十　忽(中舌)闌
一逗

十四　不恢突兒
恢旁誤中

〔作於上世紀三十年代，以葉德輝刻本爲底本。此爲第八稿。〕

陳垣全集之二十一

元祕史譯音用字考

安徽大學出版社

一 葉刻元祕史

始余讀葉刻元祕史，開卷即見騰汲思名字的水，不峏罕名字的山，與連筠簃本之作騰吉思、不兒罕者，譯音用字不同也。又見兩箇好騸馬，一名孛舌騍，驛騍均用馬旁。又音譯好馬爲曲騄兀惕，騸馬爲阿黑驧，騄驧亦用馬旁。與華夷譯語騸馬之作阿黑塔〔一卷〕五頁者，用字亦不同也。又來了音譯爲亦舌列罷，與華夷譯語之作亦舌列別〔三〕二一者不同；望着音譯爲合中舌喇周，與華夷譯語之作合中舌剌周〔三〕二者不同；說譯爲嗚詁列舌論，與華夷譯語之作兀古列侖〔二〕二七者用字亦不同。此皆在開卷之前四頁，其譯音用字之特異已如此。

至二卷一頁，於兩處來了之亦舌列罷下，均注有原作別三字；二頁於做了之孛魯罷下，又注有原作伯三字；余始恍然祕史之譯音用字，與華夷譯語不同。華夷譯語單純音譯而已，祕史則音譯之外，不論名詞動詞，有可附以意義者，輒選用音義相同之字。表示過去動詞語尾了字之譯罷，其最著也。然原作伯原作別之注，究爲何人所改，何人所注，蓄疑者幾二十年。三四卷以後，此注益多。三卷四十四頁有注原

作巴者，十卷十四頁有注原作八者，則爲僅見。此書爲葉刻，余初疑此爲葉氏所注也。見第九表

二　葉刻底本

自觀古堂葉氏藏書散出後，余得有文廷式抄本元祕史六巨册。卷首有「道羲讀過」朱文印，道羲，廷式號也；又横蓋有「葉德輝焕彬甫藏閲書」白文印。見第一圖書中硃筆卷第，均文氏所填。眉端復有文氏批語。此本即葉刻所從出，葉序未明言者，别有故也。文本誤者，葉刻無不誤。八卷之第三十五頁，應爲第三十七頁，文本錯簡，葉刻亦錯簡，尤足爲葉刻出自文本之證。然原作伯原作别之注，文本已然。至是始知非葉氏所注，而又疑爲文氏所注也。

近門人李生棪，知余校祕史，曾以其先大父仲約先生文田抄本示余。李本與文本同出盛氏所藏顧廣圻校本。見第二圖文本八卷之錯簡，李本不錯；李本之原作伯原作别，則與文本全同。至是又知非文氏所注，顧本蓋已如此也。

三　顧校本

顧本跋稱嘉慶乙丑一八〇五從晉江張太守影元槧舊鈔本覆影，卷末稱閏六月二十六日校畢。所謂張太守者，張祥雲，號鞠園也。張本余未見。顧本曾爲盛氏昱所藏，今藏上海涵芬樓，聞最近將在四部叢刊續編影出。前年余在江安傅氏許假得，覆校數過，其原作伯原作別之注，果爲顧本所已有。至是又疑爲顧氏所校注也。

何以疑爲顧氏所校注？因顧跋稱所據者爲影元槧舊鈔，果爲元槧，則原作伯原作別之原，必用元不用原，用原者明以來語也。野獲編補遺云：國初貿易文契，如吳元年，洪武元年，俱以原字代元字。卷一日知録云：元者本也。本官曰元官，本籍曰元籍，本來曰元來，唐宋人多此語。後人以原字代之，與本來之義全不相同。或以爲洪武中臣下有稱元任官者，嫌於元朝之官，故改此字。卷三二今顧校本元祕史稱元作伯者，僅九卷三十五頁一處，餘皆曰原作伯原作別，元槧何能有是？不特此也，總譯用原來者數處：曰原來你今日將這兒子來應了我的夢。〔一〕四四曰那軍原來是三種蔑兒乞人。〔二〕四九曰共説原來達達的馬瘦。〔七〕二五果爲元槧，必用元來，不用原來。其他用原字處，如原曾，〔三〕二二原係，〔四〕二八原有，〔五〕十原是，〔五〕二六原擄，〔六〕三九原教，〔九〕三七原管，〔九〕四十原相約，〔三〕十三原商量，〔三〕五十原定例，〔九〕三五原宿衛，〔續二〕十五原撇下，〔二〕十四原蓋下，〔二〕三六原排陣處，〔五〕十八原約會處，〔六〕五十原行的路，〔二〕二二原把的寨子，〔二〕二六不下十數見，用元者僅十卷四十二頁一見，曰元來也是平等的伴當，而同頁原準備的三箇力士仍用原。果爲元槧，則凡此諸原，皆顧氏校改也。豈其然乎？

四　俄本來歷

今年春，伯希和教授來遊，以蘇俄國家學院所藏元祕史影本十五卷六册贈北平圖書館。卷首有朱文「玉雨堂印」，白文「韓氏藏書」章。見第三圖十五卷末有白文「韓泰華印」，朱文「小亭」二字章。韓泰華者，嘗在西安景教碑側，刻有大字，云咸豐己未一八五九武林韓泰華來觀云云，即此人也。連筠簃本元祕史張穆跋，稱道光二十七年一八四七從仁和韓氏借得影鈔原本，亦即此本。第三册卷七末，有通介叟題記，云嘉慶乙丑元宵，從刻本補寫訖。第四册卷九末，有七十八叟題記，云嘉慶乙丑二月十一日，從刻本補寫。此鮑廷博也。知不足齋叢書二十三集各書，鮑跋多自稱通介叟。鮑廷博與錢竹汀先生同生於雍正六年戊申，一七二八至嘉慶十年乙丑，正七十八歲。此本蓋鮑廷博從永樂大典抄出，復從刻本補寫，後歸韓氏，一八七二年同治十一爲駐華東正教會拍萊狄斯主教所得者也。余頗疑鮑所稱刻本，即張祥雲本，因當時以十五卷本爲大典本，十二卷本爲刻本也。又嘉慶乙丑，即顧廣圻抄校此書之年，鮑與顧蓋先後得見張本者。今二本分卷不同，而原作伯原作別之注，大體無異，總譯中諸原字亦無異，即顧本九卷三十五頁之元作伯，在俄本爲十卷末頁，亦曰原作伯。至是始知果非顧氏所注，亦非鮑氏所注，永樂大典原本蓋已如此也。

五　新發見内閣大庫藏殘洪武槧本

今年夏，北平圖書館趙萬里先生從内閣大庫故紙堆中發見華夷譯語與元朝祕史殘頁，計譯語二十六頁，祕史四十五頁，此洪武槧本也。何以知爲洪武槧本，則以與華夷譯語板式紙色相同故。華夷譯語洪武二十二年刊本，只有蒙古譯語。其後續有增益，不止一種。今所云華夷譯語者，專指洪武本蒙古譯語，即涵芬樓祕笈第四集所影印者是也。此新發見之華夷譯語，內容與涵芬本全同，唯板框涵芬本雙線，此本則單線；板心涵芬本無刻匠姓名，此本則有刻匠姓名，見第四圖蓋華夷譯語之元始槧本也。而新發見之元朝祕史，板式與華夷譯語無異，其刻匠二十七人中，尚有姓名與華夷譯語相同者周文名、趙丙二人，見第五圖其板刻之先後，相距不能過遠。其殘存者爲三四七八卷，則第一第四册之殘頁也。吾嘗以校俄本，此本誤者，俄本亦誤。如

卷	頁	行		
三	八	十五	前行	誤箭行
	十三	十六	額魯舌格	魯漏舌
	十五	十八	赤勒不兒	赤誤亦
	十六	六	斡勒罷	漏勒字
四	四六	十二	兀詁列額速	兀誤連上
八	二五	八	失吉忽禿忽	末忽字誤連下
	三五	六	失禿額列勒都周	列誤額
	三六	九	騍馬	誤騍馬

三七	四	古魯舌額速	魯漏舌
三八	二	勺卜	漏卜字
	三	教到了	漏了字
	六	也孫阿勒苔勒	漏下勒字

似大典本即出於此本也。然亦有此本誤而俄本不誤者。如

卷	頁	行		
三	十六	八	阿亦速中灰宜	中灰誤恢
		九	漫散着	漫誤温
四	四八	六	客舌列連巴舌剌阿速	列漏舌
	四九	十三	射來	誤箭來
七	三四	十六	阿吼剌	吼誤兀中
八	二一	六	馬中合	中合誤哈
	三九	五	你的	誤你約
		十九	子孫行	行誤好

又似大典本不出於此本；即使出於此本，亦必曾經一度校正者。惟原作伯原作別

之注，此本與俄本無異，至是始知非永樂大典所注，大典以前之本已如此也。

六　伯與別改作罷之原因

伯與別爲蒙古語過去動詞語尾之音譯，漢文義譯爲了。此等了字，華夷譯語音譯爲八、爲伯、爲巴、爲別，見第八表祕史則音譯爲罷、爲畢。見第九第十表然祕史始譯時，亦參用伯別等字，後乃一律改爲罷。其所以改伯爲罷者，疑因伯有侯伯之嫌，而罷有了字之意也。其別亦並改爲罷者，疑有遷就罷字之意。今祕史中原作別者，有時亦原作伯也。見十一表其原作畢者不改，疑因畢亦有了字之意也。其改後逐一注明者，疑當時已有刻本或寫本流傳，特注明以資考較也。此論伯別之改罷云爾，至於伯別之應否改罷，乃另一問題，應俟蒙古語專家研究。

八字華夷譯語用之最多，見第八表因易與數目之八字相混，譯祕史時早已不用，僅見之於十卷之十四頁，亦已改之。今惟譯別者尚留遺六處，譯巴者尚留遺一處，見十二表而了字譯伯者則已改之淨盡。故余名今所傳本祕史爲罷字本元祕史，其伯字本元祕史或祕史稿，天壤間是否尚有留存，須待將來之發見。

七　祕史與華夷譯語

漢譯祕史，與華夷譯語本伯仲之書，其用均在習蒙古語，故研究祕史，不可不參以華夷譯語。譯語三卷：一卷爲語類，漢語與蒙語對譯，分門排列；二卷爲詔勅，由漢譯蒙，漢文原句即附音譯下，與祕史音譯每段之後附以總譯者不同；三卷爲書狀，由蒙譯漢，與祕史同，然只有音譯義譯，而無總譯，與祕史異。兩者相衡，祕史之法爲進步矣。

祕史與華夷譯語，原刻形式，大概相同。惟葉刻從抄本出，未見原刻本來面目，故刊出後形式與譯語不類。其最顯著者，顧本人名用硃綫，葉刻改爲雙墨綫，此節葉序已言之，而不知原刻人名實粗墨綫；又原刻頁有烏絲欄，葉刻無之。此雖細故，因與譯語形式不侔，閱者遂不覺其爲伯仲之書矣。參觀新發見之内閣大庫兩書殘頁，則瞭然也。第四第五圖原刻頁數爲長號頭，自一卷至末卷，一號到底；葉刻卷自爲頁，亦因顧本書口不寫頁數，文本相沿，葉刻無由知之也。

八　華夷譯語了字音譯表

卷	頁	義譯	音譯	祕史音譯比較	卷	頁
一	十七	覺了	薛舌列八	薛舌列克迭罷被覺了原作伯	五	四七
	十七	知了	蔑迭八	篾迭罷原作伯	四	十一
	二七	了	巴舌剌八	巴舌剌罷	四	三九
二	四	潰散了	不撒泥黑答伯	不桑中合黑荅罷原作伯	八	四四
	十二	與了	斡克八	斡克罷原作伯	四	十七
	十五	做了	孛魯中合八	孛勒中合罷原作伯	三	二三
	二十	了也	孛魯巴	孛魯罷原作伯	二	二二
	二五	快活了	只兒中合伯			
	二七	安撫了	阿木兒里丁溫伯	阿木兒舌里罷	五	二六
	二八	教住了	撒溫丁中合巴	撒兀勒罷原作伯	四	四七
	二八	差了也	札舌魯巴			

三 四	寫了	必赤伯			
九	分付了	討温丁八	討兀勒罷原作伯	續二	十四
十	教去了	亦列別	亦列罷原作別	四	四五
二十	反了	歹亦只八	歹亦只兀勒罷教驚了	續一	四十
二一	殺了	阿剌八	阿剌黑荅罷被殺了原作巴	四	一二
二一	來了	亦舌列別	亦舌列罷原作伯	三	三四
二一	做了	孛魯八	孛勒罷原作伯	六	十七
二二	趕上了	恢亦扯別			
二二	到了	古兒別	古兒舌罷原作別	六	四七
二三	教去	亦列別	亦列罷原作別	五	三四
二三	回了	中舌合里八	中舌合里罷原作伯	五	五
二三	教死了	兀古温丁別	兀窟兀勒罷原作別	七	十一
二三	與了	斡克別	斡克罷原作別	三	三三

總計譯八者十，譯伯者四，譯巴者三，譯別者七，除祕史無是語者四條外，其同有是語者，祕史悉改爲罷。

八字用之最多，亦用之最早，至元譯語已譯逃走了爲活魯活八，祕史四卷四頁則譯爲豁(中)兒(舌)合(中)罷，義譯爲教躲了，與逃走義同，八字亦改爲罷。

九　元祕史了字譯罷表

卷	原作罷	原作伯	原作别	原作巴	原作八
一	八六	○	○	○	○
二	一一二	一	二	○	○
三	四七	四三	二五	一	○
四	二五	四七	三○	一	○
五	三三	三○	二一	○	○
六	三三	四○	四○	○	○
七	二一	二三	一六	○	○
八	三九	一五	一八	○	○
九	六三	一○	七	○	○

十	五〇	一五	三二	〇	一
續一	三八	三六	二三	〇	〇
續二	五一	二六	九	〇	〇
總計	五九八	二八六	二二三	二	一

據右表，一卷無原作伯原作別者，二卷有亦極少；未必無原作伯原作別也，蓋初刊一二卷時，有改而未及注者耳。

十　元祕史了字譯畢表

義譯	音譯	〔卷〕頁
生了	脱舌列兀勒畢	〔一〕七 二四
生了	脱舌列温勒畢	〔一〕十 十一 十二
生了	脱舌列畢	〔一〕三 四一
説了	嗚詁列畢	〔一〕十二
説了	客額畢	〔一〕十四〔二〕八 四二 四五 四五 四五 四六〔五〕三

做了	孛勒畢	（一）十四（二）二（七）十十 二九（續二）三
中了	孛勒畢	（七）二九
養了	帖只額畢	（二）六
到了	古兒畢	（二）六
煩惱了	卯兀剌畢	（二）十二
起了	孛思畢	（二）四三
來了	亦舌列畢	（二）四五
去了	約舌兒赤畢	（五）三
坐了	撒兀畢	（五）三
嘆息了	嘯兀舌列勒畢	（五）二五

據右表，了字譯畢者三十一，以一二卷爲特多，與原作伯原作別適成反比例。

十一　元祕史罷字原譯伯別互用表

義譯	音譯	原作別	原作伯

		卷頁	卷頁
說了	客額罷	(四)四六 四八(九)十七 十九	(四)四七 四八(九)三五 三六
來了	亦舌列罷	(三)三 四一(四)三四 四十	(三)三四 四一(四)三三 四七
去了	亦列罷	(三)九(四)二七 二八	(三)五十(四)十二 十三
與了	斡克罷	(三)三三(四)十五 十五	(三)二四(四)十七 十九
委付了	禿失罷	(八)三十(十)二五 二五 二五	(三)四九(七)十八 十八禿作土
到了	古舌兒罷	(六)四七(七)三	(四)二十(六)二二
動了	歌多勒罷	(五)二八(六)二九	(六)一 十五
養了	帖只額罷	(五)十二 十四	(四)二四
相合了	捏亦列罷	(六)四五	(續一)四 十四
撇了	格罷	(六)四九	(四)二十(七)八
想了	薛惕乞罷	(八)二八	(續一)二十
下了	保兀罷	(續一)十四	(三)十(續一)十二

據右表，同一語也，原作別者，有時亦原作伯。

十二　元祕史了字原譯殘留未改表

義譯	音譯	〔卷〕頁
說了	客額別	〔一〕二二〔二〕三
與了	斡克別	〔二〕二五　俄本作斡克罷
馱了	迭兀兒別	〔二〕四三
半了	含帖舌列別	〔三〕五
到了	古兒別	〔八〕十九
落了	禿兀巴	〔一〕四三

據右表，別字未改者六，據俄本則未改者五巴字未改者一，而伯字未改者無一焉，八字殘留者亦無一焉，知開始譯祕史時，八字即已不用矣。

十三　葉俄二本罷字原注不同表

義譯	音譯	〔卷〕頁
說了	客額罷原作別	〔三〕三九〔五〕三三
養了	帖只額罷原作別	〔六〕二七
咲了	亦捏額罷原作別	〔七〕九
去了	亦列罷原作別	〔續一〕二
下了	保兀罷原作別	〔續一〕十四

右葉刻注原作別，俄本注原作伯者六。

義譯	音譯	〔卷〕頁
來了	亦舌列罷原作伯	〔三〕四二二行〔五〕四
相見了	帖別舌鄰勒都罷原作伯	〔四〕四六
去了	約舌兒赤罷原作伯	〔六〕十四

右葉刻注原作伯，俄本注原作別者四。

義譯	音譯	〔卷〕頁
被殺了	阿剌黑荅罷原作巴	〔四〕三

右葉刻注原作巴，俄本注原作伯者一。

與了　　斡克罷原作別　　〔五〕三七

右葉刻注原作別，俄本不注者一。

據右表，似葉俄二本所據不同；然此種異同，二本本身亦時有之。見十一表又三卷四十一頁之亦列舌罷，一頁中凡四見，原作伯原作別，本頁已自不同。至斡克罷之不注，九卷七頁之斡克罷亦不注，似不足爲二本不同之證，因彼此誤注或失注，均有可能也。

十四　山之字从山从石从土

譯罷譯畢，及伯別之改罷，皆爲迎合了字意義，既如上述，今特推其例以求祕史之譯音用字。文廷式批李注元祕史漸西村舍本〔六〕十二云：寫書人於水名則着水旁，於山名則着山旁。李注斡兒洹〔三〕七云，洹音桓，以水名故，譯者加水旁字以取識別。此言是也，試先言山。

華夷譯語山譯阿兀剌，祕史作阿屼剌。〔三〕三十六卷四十五頁寫合中撒兒尋成吉思，尋至合剌温磧都訥山，緣嶺尋不見。嶺譯爲你路矴惕。同一兀也，從山則表示其爲山，從石則表示其爲石，而磧與路又特選之字也。至元譯語，嶺譯你奴温。

四卷三頁有阿剌屼屼惕土兒合兀的牙兒，五卷三十六頁有土屼剌，六卷十九頁有斡峏訥屼，六卷二十二頁有勺峏合勒忽訥，忽剌阿訥屼惕，孛勒苔屼惕，六卷二十七頁有不峏吉額峏吉，用屼用峏，非山名則地名。王校聖武親征録遺書本三十頁，引祕史斡峏訥屼，作斡兒訥峗，是王校字訛，非所據本祕史有異也。

一卷一頁之不峏罕舍勒敦，三卷十七頁作不峏罕合勒墩。同一兒也，用峏則表示其爲山，同一敦也，從土則表示其爲地。

三卷二十八頁有忽勒苔合兒崑訥，七卷三十一頁有納忽崑訥，崑，山崖也。六卷二十九頁有額迭兒阿勒台，五卷三十一頁作額垤兒阿勒台，迭垤音同，从土亦表示其爲地。

又土之譯，華夷譯語作石剌兀，祕史三卷三十八頁作失羅埃，埃亦土也。

十五　水之字从水

華夷譯語，河譯木連舌，祕史作沐漣舌，如斡難沐漣舌，〔一〕兀兒失温沐漣舌，〔一〕三二客魯漣舌沐漣舌，〔二〕三六勤勒豁中沐漣舌，〔三〕十三刊沐漣舌，〔四〕三一垂沐漣舌，〔五〕十四斡兒堅沐漣舌，〔八〕七中沐漣舌，〔續一〕三九阿梅沐漣舌，〔續一〕四一阿的勒札牙黑沐漣舌，〔續二〕十六是也。

河的譯沐洌舌訥，河行譯沐列舌捏，河每，譯沐列舌惕，如客魯漣舌沐洌舌訥，〔二〕三八垂沐洌舌捏，〔六〕二六申沐列舌泥，〔續一〕五一浯剌、納浯沐列舌惕，〔續一〕十八斡兒堅沐列舌惕，〔續一〕二十是也。其中如斡難，四卷四頁作瀚那訥，十八頁作瀚難訥；客魯漣舌，二卷三十七頁作客魯洌舌訥，本名从水，雖不著沐漣舌，亦知其爲水也。又湯水之湯，華夷譯語譯書連，〔二〕十二祕史作暑漣，〔七〕二一湯行譯暑洌捏，〔續二〕四七與沐漣作沐洌捏同例。

華夷譯語湖譯納兀兒，祕史海子譯納浯兒，海子行譯納浯剌舌，如捕魚兒納浯兒，闊漣納浯兒，〔一〕三二闊闊納浯兒，〔二〕二七古洩兀兒納浯剌舌，〔六〕二七是也。

又作納兀剌舌，如古泄兀兒納兀剌舌，〔五〕十一乞濕渤巴失納兀剌舌，〔五〕二八則以本名之泄或濕，已有水旁，故偶仍舊譯，用兀不用浯也。

華夷譯語，溪譯豁羅罕，祕史小河譯豁羅罕，小河的譯豁羅合訥，如乞沐兒合豁羅罕，〔二〕二六桑沽兒豁羅合訥，〔二〕二七是也。其仍用舊譯者，以本名之沐及沽，已有水旁故。惟六卷二十一頁之統格豁洏合訥，則本名統格，未有水旁，故特用洏以表之。

其他水名如斡兒洹，薛涼格，〔三〕五額洏古涅，〔四〕三一潰豁黑，兀瀧古，〔五〕二八浯籠古，〔六〕二八禿浯剌，〔六〕二五土浯剌，〔六〕二七討浯兒，〔續一〕十八涅坤，〔七〕五合池兒，〔七〕二六塔洱剌〔七〕四三等，皆特用水旁。

冰，華夷譯語譯莫勒孫，祕史譯沐勒孫，〔十〕十二亦用水旁。又濕納阿〔四〕三一之爲洲，荅蘭巴勒渚惕〔八〕二二之爲地，亦用水旁。故同一兒也，在山爲屼，在水則爲浯，同一兒也，在山爲峏，在水則爲洏，皆諧聲之外，兼以會意者也。

十六　用渤字小注者必爲水

勒字小注，所以表頂舌音。始吾見祕史勒渤互用，以爲偶然，檢覈結果，知普通用勒，其用渤或汐者，必水名也。如浯汐札，〔四〕十一哈澧汐禿，〔四〕十八乞濕渤巴失，〔五〕

二八乞赤泐巴石，〔六〕二八合剌泄兀泐，〔五〕三十浯泐灰濕魯格泐只惕，〔六〕十五合泐合，〔六〕十九別泐赤里耶兒，〔六〕二九巴泐渚納，〔六〕四四皆是。三卷三十頁有豁勒突兒，譯言澗中，顧本作勒，俄本作泐。

水有不用泐者，如四卷十三頁之浯勒札，六卷二十九頁之合剌溲兀勒，八卷四十四頁之巴勒渚納，則以本名已有水旁故。因此可得一定例，曰水未必用泐，而用泐者必爲水。王校聖武親征録四頁，引祕史卷四四荅闌巴勒主惕，卷八二二荅闌巴勒渚惕，勒均作泐，誤也。祕史水名用泐，地名不用泐。

十七　口之字从口从言从食从齒

説話之説，華夷譯語譯兀古列侖，〔二〕二七祕史譯嗚詁列論。未參考華夷譯語以前，以此爲當然譯法耳，既參考華夷譯語後，始知此爲後起譯法。故同一兀也，在山爲屼，在水爲浯，在口則爲嗚，嗚之不足，又譯以詁，又譯以論，即此一語，可見譯者用心。又共説則譯爲嗚詁列都論，〔二〕四八提説則譯爲都剌惕合論，〔續一〕四聖旨説道則譯爲札兒里黑孛魯論，〔五〕二十聖旨宣布則譯爲札兒里黑統合論，〔九〕四五皆音譯之中，含有意義者也。

怪責譯赤馬兒，〔三〕十二無意義也；六卷三十一頁譯爲叱馬兒，則似有意義矣。九卷四十三頁怪責者您，譯桓叱都惕渾(中)。赤爲音譯常用字，叱則由怪責之義而生，與嘆息之聲，譯爲唉亦，〔七〕十皆非偶然。

呑譯唵古，〔七〕三八做喫的譯咕連，〔九〕十四咂着譯食民周，〔四〕四三又譯食米周，〔六〕十四大牙譯阿齧(舌)阿，〔五〕三七亦非偶然。

喫，華夷譯語譯亦迭，〔一〕十三祕史譯亦咥，喫的曰亦咥恢，茶飯曰亦咥延，〔一〕十六又曰亦咥筵，〔六〕二九飲食曰温丹亦咥延，〔十〕五被喫曰亦咥克咥古，〔續一〕三一皆有意用之。

十八　目之字从目

眼，華夷譯語譯你敦，〔一〕二三祕史則譯你覩，〔二〕十又作你睹。〔五〕二六見，華夷譯語譯兀者，〔二〕十六又譯兀氊(丁)，〔二〕二十祕史則譯兀瞻，〔六〕三四十卷三十頁作兀膽，沿顧本之誤也，俄本仍作瞻。

望着，華夷譯語譯合(中舌)剌周，〔三〕二祕史則作合(中舌)喇周，〔一〕三喇，罕見之字也。故同一剌也，在齒則爲⿱剌齒，在目則爲⿰目剌。回顧着曰合(中舌)⿰目剌亦周，〔一〕三八哨望的曰合(中舌)⿰目剌兀(勒)，〔七〕五窺伺曰果(舌)矑(舌)列，〔五〕二六矑亦罕用之字，爲比附意義，不惜遠爲牽合。

十九　足之字从足从辵从走

行路之行，華夷譯語譯牙不，〔一〕十四教行着曰牙不温(丁)周，〔二〕二七步行曰牙不罕，〔二〕十八音譯之外，不覺其有意義也。祕史改譯爲迓步，〔一〕九行着曰迓步周，〔一〕二一步行曰迓步(中)罕，〔二〕二八音譯之中，饒有意義矣；續二卷十四頁又譯爲迓奔。

走，華夷譯語譯癸亦，〔一〕十八祕史作癸⿺走選。⿺走選字罕見，祕史始見於二卷之五頁及十七頁，葉刻均誤⿺走選爲趨，沿文本之誤也，顧本俄本不誤。

趧，亦譯癸⿺走選，趧上着曰癸⿺走選扯周，〔五〕二又曰古⿺走選扯周。〔五〕二八續一卷九頁趧譯癸⿺走選躧，躧字足旁，亦非偶然。

走，又譯土躂阿，走着曰土躂阿周，〔六〕二四要走曰土躂阿忽，〔五〕二八趧着曰躂兀周，〔六〕四四⿺走迷避着曰不(勒)(舌)躂里周。〔九〕三四躂字足旁；四卷二十三頁踼着曰米(舌)跌里周，跌字亦足旁，皆非偶然。

二十　門之字从門

門，華夷譯語譯額兀顛，〔一〕八祕史作額閄闐，〔一〕四六又作額兀闐，〔十〕三九門的曰額閄闐訥，〔四〕二三把門的曰額閄迭臣，〔七〕二一門後行曰阿剌閄納。〔九〕十三六卷三十九頁閄迭之閄，俄本作閄，顧本作閅，閅爲字書所無。三卷二十頁十六行之闐，俄本作闐，顧影抄本原作関，音與迭同，易辵爲門，以取門義，今葉刻亦作闐者，從顧校改也。

帳房的，祕史譯豁(中)失里渾(中)。〔二〕十五五卷四十九頁，房子譯豁(中)室，亡友王國維先生校改曰，室當作黑，以室爲小字旁注，不常見也。然十卷四十一頁之帳房，亦譯豁(中)失里黑，失室音同，字當不誤，俄本亦作室，蓋取與房同義耳。

二十一　衣之字从衣从糸从巾

衣，華夷譯語譯迭延(丁)，〔一〕十一祕史衣服譯經額勒，〔九〕二十大紅衣服的，譯阿勒經額侖，〔十〕十二羊皮衣譯𦕈克經額勒。〔三〕二十故同一迭也，在地則用垤，在食則用咥，在足則用跌，在門則用閔，在衣則用絰，非偶然也。

襖子譯褡忽。葉刻三卷二頁作褡，是也；一頁作褡，誤也。破衣譯衲卜褡兒(舌)孩(中)，〔三〕二十葉刻衲作衲，褡作褡，均誤从示。

赤裸譯你出裩。〔四〕八葉刻誤裩爲裩，並義譯之裸，亦或誤爲裸。四卷三十九頁義譯裸字不誤，而裩又誤爲棍，蓋沿顧本之訛，幸俄本作裩，尚可爲證。

帽，至元譯語譯麻合剌，祕史譯馬合(中)來，〔十〕二九顧本三卷二十三頁獨作馬㗐(中)來，以㗐之義本爲帽也。

二十二　器之字从金从皿

鎗，華夷譯語譯只荅，〔一〕九祕史作鐼荅，鎗裏曰鐼荅突兒，〔六〕三鎗有的曰鐼荅禿，〔七〕三五鐼非常用字也。

射，華夷譯語譯合(中)兒卜，〔一〕二十祕史譯合(中)兒鏷，〔一〕十六又作合(中)兒䑑，〔四〕三祕史七卷三十八頁寫拙赤合(中)撒兒勇武善射時，一頁之中，曾六用合(中)兒鏷，鏷䑑皆非常用字也。

鈎魚之鈎，直譯爲鈎吉，鈎整治着曰鈎吉札撒勒都周，鈎着曰鈎吉列周，鈎曲着曰鈎吉額客温勒周，鈎扯時曰鈎吉塔塔恢。〔二〕七鈎之譯鈎，偶爾音同，非其語本來自中國，與倉庫之倉，直譯爲倉者，〔續二〕四八其例自不同也。

木頭譯木都惕，〔二〕十三火盤譯火中爐木塔，〔二〕十音譯幾同義譯。盂譯盞討兀，〔七〕七銀譯蒙琨，〔四〕十四板譯合卜榻孫，〔三〕二十皆含有本義。尋常譯銀爲蒙古，〔十〕十三或蒙昆，〔續一〕五華夷譯語亦譯蒙昆，〔一〕十三昆加玉旁，此爲僅見。

二十三　鳥之字从鳥从翼

華夷譯語禽譯石保温，〔一〕七鷹每，譯失保兀惕，〔三〕五祕史鷹譯失鴇温，〔七〕三六放鷹譯釋鴇兀闌。〔一〕三四

華夷譯語鵝譯合中老温，〔一〕七祕史雁譯合中鴰温，〔三〕十八雁每，譯合中鴰兀惕，〔一〕十七保之作鴇，老之作鴰，非偶然也。

三卷十八頁寫赤勒格兒逃走時悔禍一段，鳥名最多，曰我如箇黑老烏，命裏只可

嗅殘皮，却想要嗅雁與鵓鴿。黑老烏譯合剌鳩列額，鵓鴿譯脱鸛剌兀，鳩鸛均爲字書所無，蓋祕史特造字。又曰，我如箇鸛剌都，命裏只可嗅小鼠，却想要嗅天鵝。鸛剌都，鳥名，天鵝譯鵯，華夷譯語譯渾，〔一〕七至元譯語譯昏，改渾爲鵯，非偶然也。

五卷三十頁寫札木合譖帖木真一段，亦有二鳥名，曰我是存有的白翎雀兒，帖木真是散歸的告天雀兒。白翎雀譯合翼魯合納，告天雀譯鵯勒都兀兒，至元譯語雀譯賓土胡兒，畢之從鳥，翼之選用，非偶然也。

二十四　鼠之字从鼠虫之字从虫

鼠，華夷譯語譯忽魯合納，〔一〕六祕史作忽鱸合納，〔三〕十八鼠兒年作忽鱸合納真勒，〔七〕二三魯改爲鱸，非偶然也。

貂鼠，華夷譯語譯不魯罕，〔一〕五祕史作不鱸罕，〔一〕六貂鼠皮作不鱸合阿兒，〔四〕十七黑貂鼠作合剌不鱸罕，〔三〕二捕貂鼠的作不鱸合臣，〔三〕十四故同一盧也，在目則爲矑，在火則爲爐，在鼠則爲鱸，非偶然也。

小鼠譯窟出鼲揑，〔三〕一八鼲爲字書所無，蓋祕史特造字。俄本作窟出[鼠鳥]揑，誤也。

二卷十一頁帖木真母親見他兩個孩兒的顏色，心裏説道，您每如活吞吐物的蟒蛇一般，蟒蛇譯蟒古思，偶爾音同，故直譯蟒。

七卷五頁桑昆見野馬被蠅虻咬着，蠅虻譯蟢魯阿，蟢字从虫，亦非偶然。

二十五　馬之字从馬羊之字从羊

馬，華夷譯語譯抹舌鄰，（一）五或譯抹舌里，（二）十八祕史作秣舌驎，（一）十八或作秣舌驪。（一）二三秣驪二字，二卷第四十三頁，一頁中凡十一見，蓋訶額侖與帖木真兄弟全家出走到不兒罕山時，每人騎了一匹馬，祕史一一爲之分寫也。驎驪从馬，固爲有意，抹之从禾，亦何嘗無意。

騸馬，華夷譯語譯阿黑塔，（一）五祕史譯阿黑⿰馬𦐇，（一）二故同一塔也，在木則爲⿰木𦐇，在馬則爲⿰馬𦐇。

牝馬，華夷譯語譯格温，（一）五祕史譯格⿰馬昷。（四）三一續二卷一頁成吉思所騎的紅沙馬，名勺莎禿⿰馬孛舌⿰馬羅，⿰馬羅爲祕史特造字。

駱駝，華夷譯語譯帖篾延，〔一〕六祕史作驖篾延，〔續二〕四駱駝的曰驖篾額訥，〔六〕二六放駱駝的曰驖篾臣。〔十〕九

羔，華夷譯語譯忽中里舌罕，〔一〕六祕史譯忽中㹁舌合中，〔五〕五十㹁非音譯常用字，因其从羊而用之也。羊皮衣譯羠克經額勒，〔三〕二十羠亦祕史特造字。故同一捏也，在水則爲湼，在羊爲羠。

二十六　其他有意義之音譯字

其他有意義之音譯字，如漫散譯爲散都兒，〔三〕十六分離譯爲希舌離者古，分離了譯爲希舌離徹罷，〔六〕三三剥脱譯爲脱那黑，又譯爲脱納黑，〔七〕三五此或偶然巧合耳。教燒着譯爲土烈兀勒周，〔五〕二九做燒飯譯爲土烈食連，〔五〕三一鑽入譯爲石兒窟速，〔三〕十八相錯着譯爲勺里舌纏，〔三〕三二舊，譯爲合中兀陳，〔二〕十二仇報譯爲斡雪勒斡旋，〔二〕四八知感譯爲不識憐，〔三〕二二皆非祕史常用字，似不可謂偶然。至於從嫁之譯媵哲思，〔八〕四七君子之譯識理温，〔五〕三一則顯然有意附會矣。俄本理誤爲里舌。

二十七　祕史以前有意義之音譯字

祕史所用有意義之音譯字，有見於祕史以前者，其例不多。祕史譯箭爲速木，〔一〕九至元譯語已譯爲速木，華夷譯語則譯爲速門。〔一〕十祕史譯弓爲弩木，〔一〕二五華夷譯語已譯爲弩門，〔一〕九箭榦之譯木速惕，〔一〕十一剜箭扣之譯斡弩赤，〔六〕三四皆沿於此者也。

祕史譯拿爲把里舌，〔一〕十六華夷譯語已譯爲把里舌。〔一〕十七祕史譯睡爲穩榻，〔七〕三九華夷譯語已譯爲穩榻。〔一〕十七祕史譯滋味爲唵塔，〔七〕六華夷譯語已譯爲唵壇。〔一〕十三祕史譯搜尋爲能知，〔二〕二四華夷譯語已譯爲能知。〔一〕十六祕史譯被護助呵爲翊協額克迭額速，〔續一〕三六華夷譯語譯護助着爲亦協克迭周。〔三〕四祕史譯福有的爲完勒澤禿，〔八〕三三元成宗已號完澤篤皇帝。元史二十一凡此諸詞，是有意，抑偶合，不敢强爲附會，然弓之爲弩木，至元譯語尚作奴木也。

二十八　總譯用字不盡依音譯

祕史總譯用字，有與音譯不同者。吾前言開卷即見騰汲思名字的水，不峏罕名字的山，與連筠簃本不同；非與連筠簃本不同也，連筠簃本只有總譯，總譯用字不盡依音譯也。總譯用字何以不盡依音譯，則以山水譯名之加山旁水旁者，等於符號標記，令人易識別耳，而總譯行文習慣，凡言某山某水者，多曰某某名字的水，某某名字的山，固不必加山旁水旁，始知其爲山水也。

故一卷二頁之荅亦兒馬，孛舌羅馬，總譯亦不用驛而用亦，不用騾而用羅，以本文已有馬字，不必復藉馬旁，始知其爲馬也。然俄本總譯，荅驛兒仍作驛，當是大典本如此，可知隨意使用，無定例矣。

又一卷三十三頁闊連海子，不依音譯用漣；二卷二十七頁三十六頁桑古兒河，不依音譯用沽；四卷五頁阿剌兀惕土兒合中兀的嶺，不依音譯用屼；斡難河不依音譯用瀚；五卷二十九頁乞濕勒巴失海子，三十頁合中剌舌泄兀勒河，六卷二十頁合中勒合中河，不依音譯用泐；六卷三十二頁勺兒舌合中勒崑山，不依音譯用崳；皆以與海河山嶺等字連綴成文，不必復加標記耳。

二十九　祕史音符不盡同譯語

華夷譯語第一卷，形式沿自至元譯語，見事林廣記庚集；惟至元譯語尚無旁注音符，華夷譯語則有旁注舌中，下注勒惕諸法，此華夷譯語之進步也。小匾巢刊何斠聖武親征録，自十八頁以前所引祕史，中旁多誤爲虫旁；十八頁以後，中旁舌旁均誤爲巾旁；故⿰虫豁蟌蛤⿰巾豁幒帢⿰巾孚⿰巾剌⿰巾里等怪字，觸目皆是。校者蓋不知此爲音符，亦由前此罕見也。

兒字旁注舌字，華夷譯語凡例有之，所以示彈舌音也。然華夷譯語全部兒旁不注舌字，其注舌字者僅三卷一頁納速兒舌丁之兒字。祕史據葉刻第一卷，兒旁亦無舌字，二卷僅第一二頁有之，三卷以後則多矣；據俄本第一卷十九頁以前，兒旁亦無舌字，十九頁始有之。葉刻三十四頁可見兒旁注舌，較爲後起。

又華夷譯語有旁注丁字者，與下注勒字之用相同，皆頂舌音也。元祕史則專用勒字，不用丁字，此二書之異也。然元祕史始譯亦用丁字，今連筠簃本一卷第二段，阿兀站孛舌羅下温之名凡二見，温旁皆注有下字，此丁字之訛也。俄本則一誤爲干，一誤爲下。見第三圖余近得内閣大庫藏抄本祕史總譯，黑格烏絲欄，卷末題記，有一部二本，永樂二年八月内抄到字樣，爲食舊德齋劉氏舊藏，此温旁丁字，尚皆不誤，見第六圖足爲祕史始譯用丁之證。又祕史一二卷，温字下漏勒字者特多，如一卷十一頁之撒温勒周，牙兀伯亦温勒渾中，十二頁之必禿温勒周，四十七頁之鎖赤温勒，四十八頁之亦列舌温勒周，二卷八頁之薛温勒額徹，十四頁之秣驪刺温勒周，二十頁之赤温勒周，二十一頁之豁中那温勒灰中突兒，二十五頁之能知温勒孫舌，兀訥温勒周，二十九頁之塔勒必温勒周，三十五頁之哈温勒周，古揑速列温勒罷，温字下皆漏勒字；又一卷十頁十二頁之脱列温勒畢，勒字均誤在畢字下，顧本俄本俱同，可見温旁原注丁字，後乃改爲下注勒字，有丁既去而勒未加者，有丁即去而勒誤加者，猶有遺迹可尋也。

三十　元祕史漢譯時代

祕史漢譯時代，有謂在華夷譯語前者，有謂與華夷譯語同時者，因二書名字同見於明太祖實録卷一四二洪武十五年正月丙戌記事也。顧廣圻跋數稱其所見者爲元槧本，吾嘗代爲解釋，謂元槧者，元始槧本，或元來槧本耳，非謂元時槧本也。今以譯音用字及伯之改罷，兒之加舌，丁之改勒諸節觀之，則元祕史之譯，尚在華夷譯語後，何得有元時槧本？ 先譯浮屠，後譯佛陀； 先譯師子，後作獅子； 先譯流離，後作瑠璃； 耳治在前，目治在後，自昔然也。

雖然，論翻譯祕史固在後，而論語言則祕史實在前。 因祕史所用者係元太宗季年一二四〇之蒙古語，與華夷譯語所用洪武中年一三八二之蒙古語，相去凡百四十餘年。 今祕史中時有缺義之語，如二卷六頁之合(中)兀魯合(中)，三卷十九頁之豁(中)乞兒(舌)，四卷十二頁之兀魯額惕，五卷三十七頁之阿荅兒(舌)荅阿速，六卷十六頁之阿備巴備，七卷十頁之脱魯(勒)米石等，不一而足。 亦由譯者久居内地，數典已忘其祖也。 假定此書早譯數十年，故老猶存，諮詢自易，何至不解之語屢見簡端耶。

一九三三年聖誕北平

〔一九三四年二月由中央研究院歷史語言研究所雕板印行，後收入勵耘五種。 據原稿校核。〕

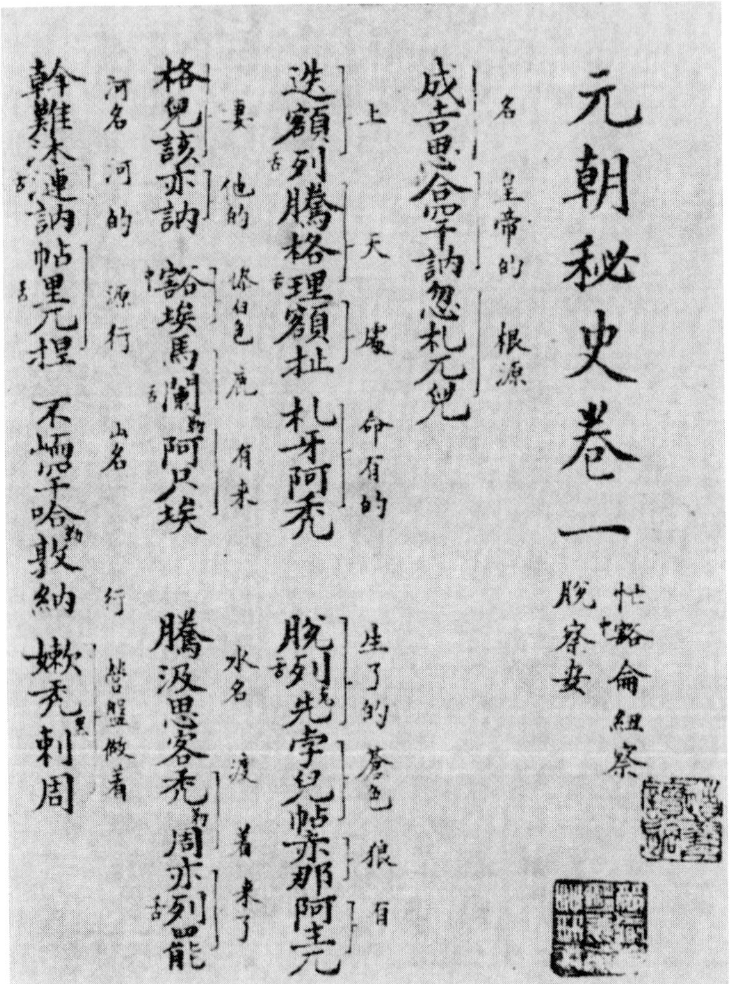
元朝秘史卷一
忙[中]豁侖紐察
脫[中]察安

成吉思合罕訥忽札兒
名 皇帝的 根源

迭額列騰格理顏扯 札牙阿禿
上 天處 命有的

脫[舌]列[舌]先孛兒帖赤那阿主[舌]
生了的 蒼色狼 有

格兒該[舌]亦訥 豁[中]埃馬闌[舌]阿只埃
妻 他的 慘白色鹿 有來

騰汲思客禿[舌]周亦列[舌]罷
水名 渡 着 來了

斡難沐漣訥 帖[舌]里兀捏 不峏罕哈[勒]敦納 嫩禿[舌]剌周
河名 河的 源行 山名 行 營盤做着

第一圖

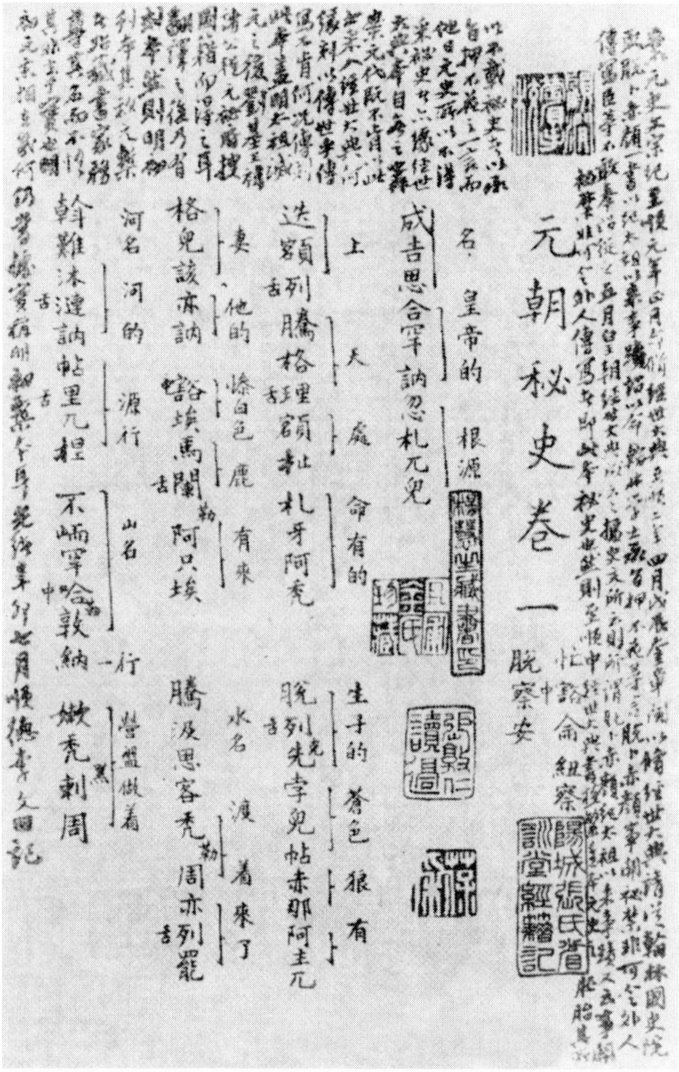
元朝秘史卷一

忙豁侖紐察 脫察安

成吉思合罕訥忽札兀兒

名 皇帝的 根源

上 天 處 命有的 生子的 蒼色 狼 有

迭額列騰格理 額扎牙阿禿 脫列先 孛兒帖赤那 阿主兀

妻 他的 慘白色 鹿 有來 水名 渡 着 來了

格兒該 亦訥 豁阿馬闌勒 阿只埃 騰汲思 客禿 周 亦列罷

河名 河的 源 行 山名 行 營盤做着

斡難 沐漣 訥 帖里兀揑 不峏罕 合勒敦 納 嫩禿 黑 剌周

第二圖

元朝秘史卷一

忙豁侖紐察 脫察安

成吉思合罕訥(太祖皇帝的) 忽札兒(根源) 迭額舌捏(上) 騰格理額扯(天處) 札牙阿禿(命有) 脫列先(生了的)

孛兒帖赤那(蒼色狼) 阿主兀(有來) 格舌兒該(妻) 豁埃馬闌勒(慘白色鹿) 阿只埃(有來) 騰汲思(水名)

客秃舌勒周(渡着) 亦舌列罷(來了) 斡難(河名) 沐舌漣訥(河的) 帖舌里兀捏(源行) 不峏罕合勒敦(山名) 納(行) 嫩禿黑(營盤) 剌周(做着)

脫舌列克先(生了的) 巴塔赤罕(人名) 阿主兀(有來)

當初元朝的人祖是天生一箇蒼色的狼與一箇慘白色的鹿相配了同渡過騰吉思名字的水來到於斡難名字的河源頭不兒罕名字的山前住着產了一箇人名字喚作巴塔赤罕

巴塔赤罕訥(的) 可溫(子) 塔馬察(名) 塔馬察因(的) 可溫(子) 豁里察兒蔑兒干(名)

第三圖上半頁

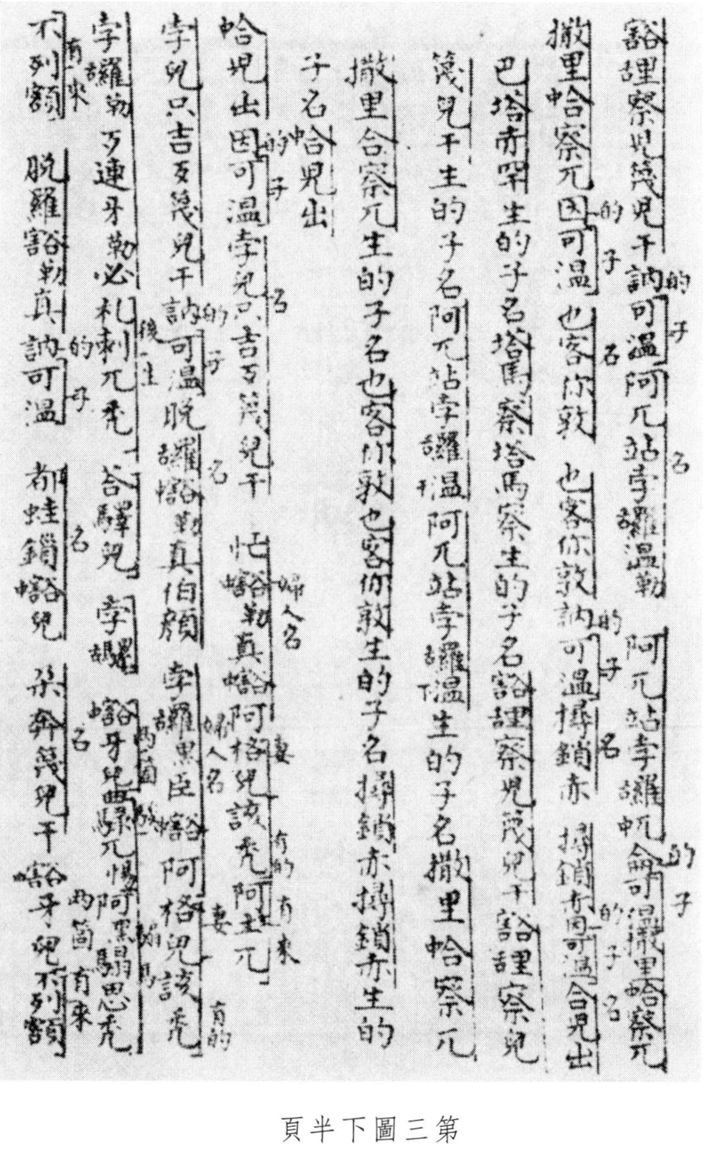
豁里察兒篾兒干訥可溫阿兀站孛羅溫勒 阿兀站孛羅帖合可溫撒里合察兀
撒里合察兀因可溫也客你敦 也客你敦訥可溫撏鎖赤 撏鎖赤可溫合兒出
巴塔赤罕生的子名塔馬察 塔馬察生的子名豁里察兒篾兒干 豁里察兒
篾兒干生的子名阿兀站孛羅溫 阿兀站孛羅溫生的子名撒里合察兀
撒里合察兀生的子名也客你敦 也客你敦生的子名撏鎖赤 撏鎖赤生的
子名合兒出
合兒出因可溫孛兒只吉歹篾兒干 忙豁勒真豁阿 阿格兒該阿主兀
孛兒只吉歹篾兒干訥可溫脫羅豁勒真伯顏 孛羅黑臣豁阿 阿格兒該訥禿
孛羅勒歹速牙勒必 札剌兀禿 合騂兒 孛羅豁牙兒 朵歹慢阿黑驪思禿
不列額 脫羅豁勒真訥可溫 都蛙鎖豁兒 朵奔篾兒干 豁牙兒不列額

第三圖下半頁

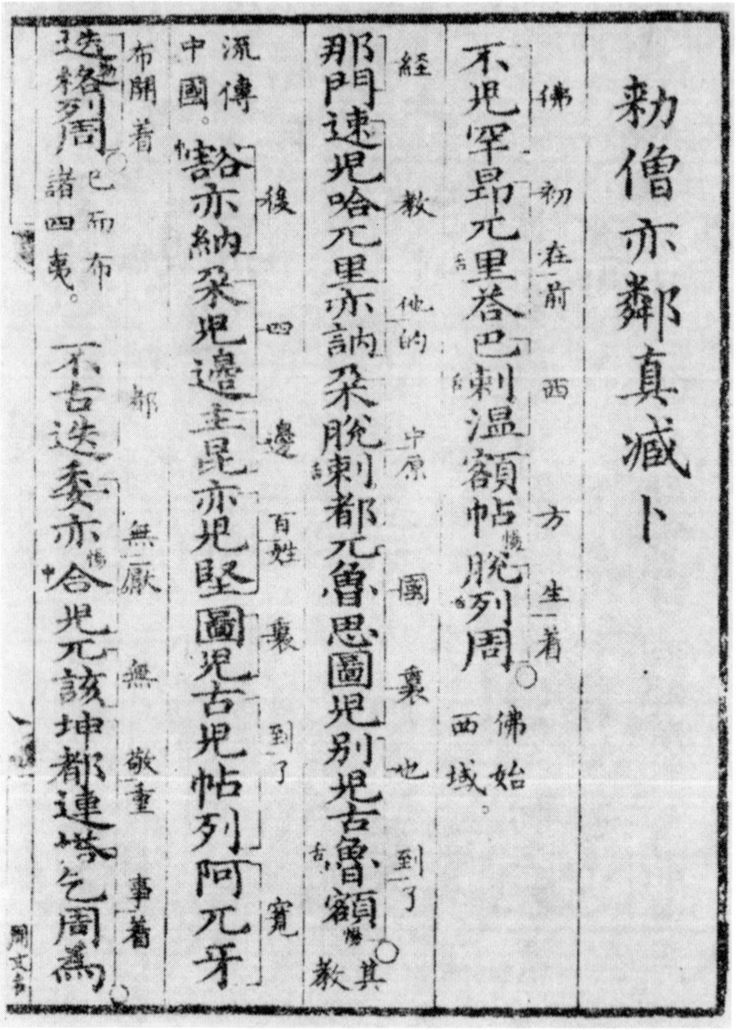
勑僧亦鄰真臧卜

不兒罕昂兀里荅巴剌温額帖脫列周。

佛初在前西方生着。佛始西域。

那門速兒哈兀里亦訥朶脫剌都兀魯思圖兒別兒古魯額顏

經教他的中原國裏也到了其教

流傳中國。

豁谷亦納朶兒邊主昆亦兒堅圖兒古兒帖列阿兀牙

後四邊百姓裏到了寬

布開着已而布

迭絡列周諸四夷。

不古迭秃亦合兒兀該坤都連塔乞周爲

都無厭無敬重事着

第四圖

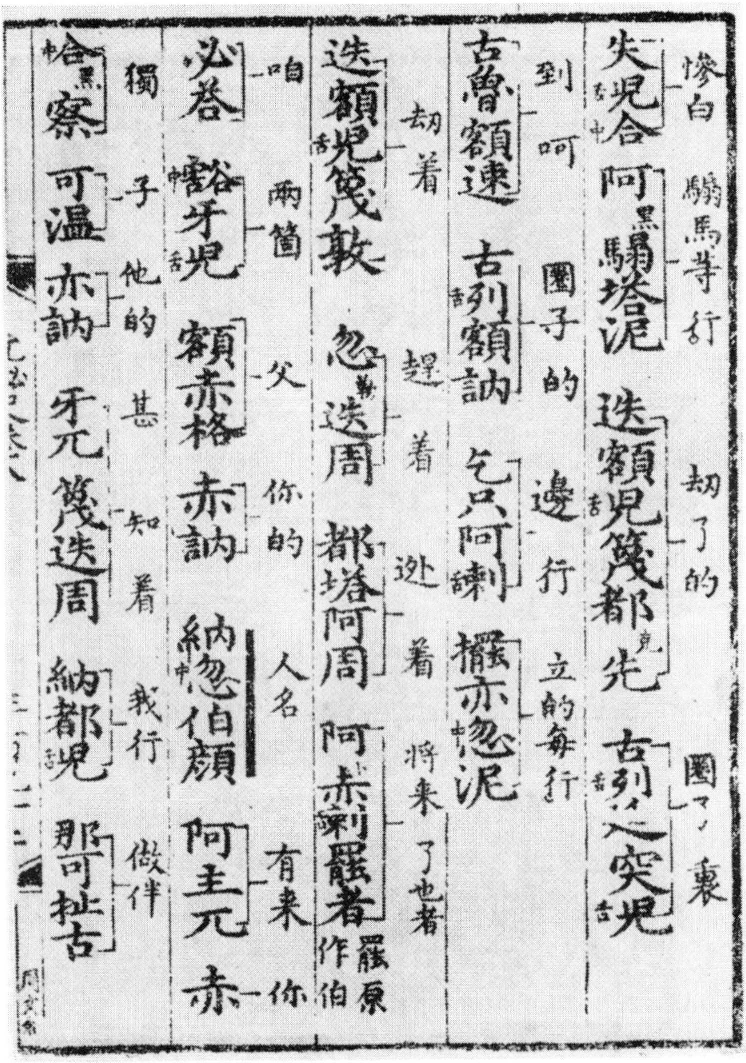
失兒合 阿黑驪塔泥 迭額兒篾都兒 古列延突兒
慘白 騸馬等行 劫了的 圈裏
到呵 圈子的 邊行 立的每行
古魯額速 古列額訥 乞只阿剌 擺亦忽泥
劫着 趕着 迯着 將来了也者
迭額兒篾較 忽迭周 都塔阿周 阿赤剌罷者 羅原作伯
咱 兩箇 父 你的 人名 有来 你
必答 豁牙兒 額赤格 亦訥 納忽伯顏 阿主兀 赤
獨 子 他的 甚 知着 我行 做伴
合黑察 可温 亦訥 牙兀 篾迭周 納都兒 那可扯古

第五圖

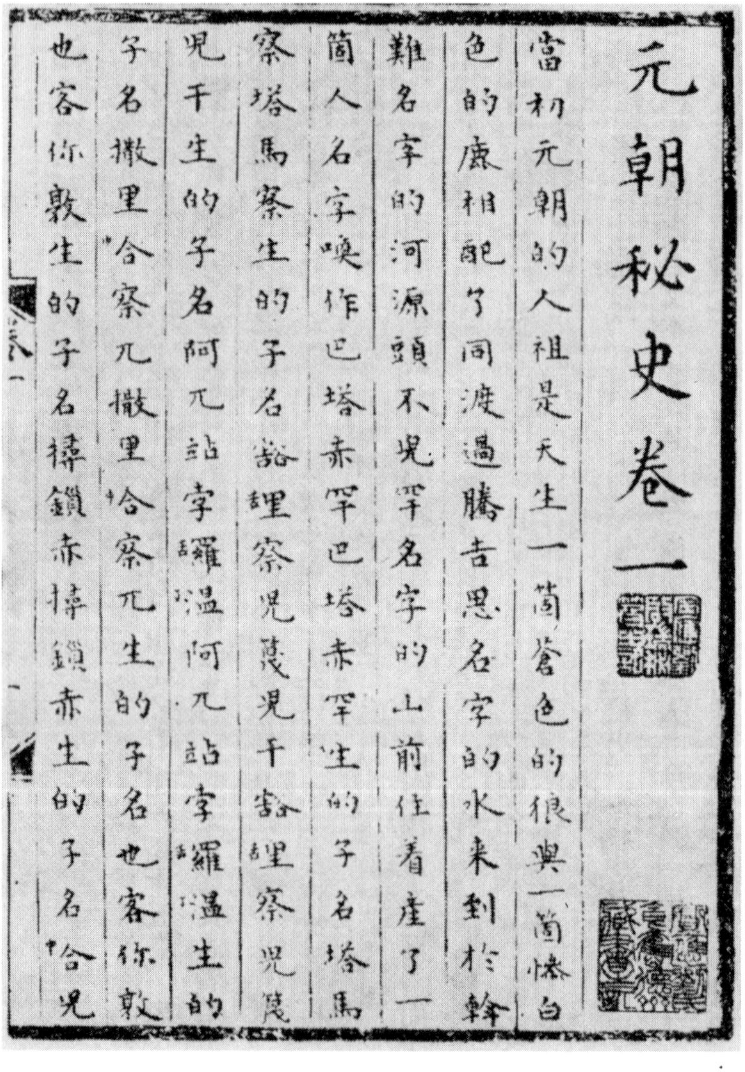
元朝秘史卷一

當初元朝的人祖是天生一箇蒼色的狼與一箇慘白色的鹿相配了同渡過騰吉思名字的水來到於斡難名字的河源頭不兒罕名字的山前住着產了一箇人名字喚作巴塔赤罕巴塔赤罕生的子名塔馬察塔馬察生的子名豁里察兒蔑兒干豁里察兒蔑兒干生的子名阿兀站孛羅溫阿兀站孛羅溫生的子名撒里合察兀撒里合察兀生的子名也客你敦也客你敦生的子名撏鎖赤撏鎖赤生的子名合兒

第六圖